Joana Gimbutyte
Josef Moßhammer

Pasteten, Terrinen und Sülzen

JOANA GIMBUTYTE
JOSEF MOSSHAMMER

Pasteten

TERRINEN UND SÜLZEN

einfach & gut

LEOPOLD STOCKER VERLAG
GRAZ – STUTTGART

Titelbild, Fotos Umschlagrückseite: Anna Höller
Rezeptbilder, Anleitungsfotos und Einleitungsfotos (wenn nicht anders angegeben): Anna Höller

Bibliografische Information der Deutschen Nationalbibliothek
Die Deutsche Nationalbibliothek verzeichnet diese Publikation in der Deutschen Nationalbibliographie; detaillierte bibliographische Daten sind im Internet über
http://dnb.d-nb.de abrufbar.

Hinweis:
Dieses Buch wurde auf chlorfrei gebleichtem Papier gedruckt. Die zum Schutz vor Verschmutzung verwendete Einschweißfolie ist aus Polyethylen chlor- und schwefelfrei hergestellt. Diese umweltfreundliche Folie verhält sich grundwasserneutral, ist voll recyclingfähig und verbrennt in Müllverbrennungsanlagen völlig ungiftig.

Auf Wunsch senden wir Ihnen gerne kostenlos unser Verlagsverzeichnis zu:
Leopold Stocker Verlag GmbH
Hofgasse 5
Postfach 438
A-8011 Graz
Tel.: +43 (0)316/82 16 36
Fax: +43 (0)316/83 56 12
E-Mail: stocker-verlag@stocker-verlag.com
www.stocker-verlag.com

ISBN 978-3-7020-2079-8

Umschlaggestaltung, Layout und Repro:
Werbeagentur Rypka GmbH, 8143 Dobl/Graz, www.rypka.at

Einleitung

Rezepte für Pasteten

Rezepte für Terrinen

Rezepte für Galantinen

Rezepte für Sülzen

Rezepte für Geschenke im Glas

Die Autoren

JOANA GIMBUTYTE

Die geprüfte Küchenmeisterin Joana Gimbutyte hat ihre Leidenschaft im zweiten Bildungsweg zum Beruf gemacht: Die gebürtige Litauerin hat nach ihrer musikalischen Ausbildung am Mozarteum Salzburg die Kochlehre absolviert und danach bei mehreren renommierten Haubenköchen Erfahrung gesammelt. Sie ist für die Rezeptentwicklung beim „Koch&Back Journal", einer der erfolgreichsten österreichischen Kochzeitschriften, zuständig, ist als Trainerin am WIFI tätig und hat bereits zwei Bücher veröffentlicht („Joghurt selbst gemacht" und „Corn Dogs. Trendiges Streetfood in 40 Varianten"). Hat den 1. Platz beim Kochbuchpreis Prix Prato 2020 in der Kategorie Kulinarikjournalismus gewonnen.

JOSEF MOSSHAMMER

Nicht nur in Fachkreisen ist er als ausgezeichneter Fleischermeister, Lebensmitteltechnologe, diplomierter Fleischsommelier und Cortador bekannt. Sein Betrieb ist eine Institution in Graz. Er bürgt für Qualität und klassische sowie außergewöhnliche Produkte (vom rohen Fleisch bis hin zum Fertigprodukt wie z. B. Gulasch im Glas). Der Bezug zum Lebensmittel ist spürbar, und nicht selten passiert es, dass man nicht nur mit den gewünschten Gaumenfreuden, sondern auch um eine Anekdote reicher und mit einem Schmunzeln im Gesicht das Geschäft verlässt. Die zahlreichen Workshops zu verschiedenen kulinarischen Themen, ob Steaks, BBQ, Nose-to-Tail usw. der Familie Moßhammer sind sehr beliebt und oft schon nach kürzester Zeit ausgebucht.

SEIT EINIGEN JAHREN HALTEN KÜCHENMEISTERIN JOANA UND FLEISCHERMEISTER JOSEF GEMEINSAM PASTETENKURSE AB, DIE AUF BESONDERS REGES INTERESSE STOSSEN.

Willkommen zu einem kulinarischen Abenteuer voller köstlicher Kreationen!

In diesem Kochbuch entführen wir Sie in die wunderbare Welt von Pasteten, Terrinen, Galantinen und Sülzen. Tauchen Sie ein in die faszinierende Kunst der Zubereitung dieser traditionellen Gerichte, die seit Jahrhunderten die Herzen von Feinschmeckern erobern.

Von zarten Pasteten, umhüllt mit knusprigem Teig, über exquisite Terrinen und Sülzen mit einer Vielzahl von Aromen bis hin zu Galantinen, die mit raffinierter Füllung und zarter Textur beeindrucken, wird dieses Buch Ihre Sinne verzaubern! Entdecken Sie die Geheimnisse hinter der perfekten Konsistenz, dem harmonischen Geschmack und der beeindruckenden Optik dieser delikaten Speisen.

Dieses Buch ist mehr als nur eine Sammlung von Rezepten. Wir beide – die Küchenmeisterin und der Fleischermeister – haben unsere Erfahrung und unsere Leidenschaft für diese Klassiker in diesem Kochbuch gebündelt. Gerne teilen wir unser Fachwissen, das für das Gelingen dieser Gerichte erforderlich ist, mit Ihnen. Wir geben Tipps für die Auswahl der besten Zutaten, führen Sie ein ins Grundwissen um die Zubereitungstechniken und verraten Ihnen handwerkliche Kniffe. Sie werden lernen, wie man den Teig perfekt knetet, die Füllung meisterhaft zubereitet, alles kunstvoll in Form bringt und auf den Punkt gart.

Ganz gleich, ob Sie bereits mit Pasteten, Terrinen, Galantinen und Sülzen vertraut sind oder zum ersten Mal in diese Welt eintauchen möchten, dieses Buch wird Ihnen das nötige Wissen und die Inspiration bieten, um wahre Meisterwerke in Ihrer eigenen Küche zu schaffen. Lassen Sie sich von den vielfältigen Geschmacksrichtungen und der zeitlosen Eleganz dieser Gerichte begeistern und entdecken Sie die Freude am Kochen und Genießen.

Sie finden hier eine Vielzahl von Rezepten für viele Anlässe, ob Sie Ihre Familie und Freunde beeindrucken möchten oder eine elegante Vorspeise für ein Festtagsmenü planen. Von einfachen Variationen für den Alltag bis hin zu anspruchsvolleren Kreationen für besondere Anlässe ist für jeden Geschmack etwas dabei.

Also, schnappen Sie sich Ihre Schürze, schärfen Sie Ihre Kochmesser und lassen Sie uns gemeinsam die vielfältige Geschmackswelt der Pasteten, Terrinen, Galantinen und Sülzen erkunden. Es warten unvergessliche kulinarische Erlebnisse auf Sie, die Ihre Gäste und Ihre Lieben begeistern werden – denn die kleinen Kunstwerke sind Gaumenfreude und Augenschmaus gleichermaßen!

Guten Appetit wünschen Ihnen

Joana Gimbutyte & Sepp Moßhammer

Allgemeines zum Thema

Die Pasteten- & Terrinenkultur steht schon seit Jahrhunderten für die gehobene Form der Kochkunst. So wie wir sie heute kennen, haben diese kulinarischen Besonderheiten unbestritten in Frankreich ihren Ausgangspunkt und sind in anderen Ländern übernommen und variiert worden. Im Französischen versteht man unter „pâtés" sowohl mit Teig umhüllte gebackene Pasteten als auch Terrinen sowie Fleisch- bzw. Wurstspezialitäten im Glas. All diese Gerichte wie auch Galantinen, Sülzen u. v. m. sind dem Überbegriff **„Charcuterie"**[1] zugeordnet.

CHARCUTERIE

Der Begriff bedeutet im weitesten Sinne „Fleischzubereitung" und dreht sich um die Kunst und die Technik der Zubereitung von vielerlei verschiedenen Fleisch- und Wurstprodukten wie z. B. Speck, Schinken, verschiedene Wurstsorten und eben Pasteten, Terrinen, Sülzen, Galantinen sowie Confits und Rillettes.

Die Herstellung von Fleischprodukten hat eine lange Geschichte, die bis in die Antike zurückreicht. In vielen Kulturen wurden verschiedene Techniken entwickelt, um Fleisch haltbar zu machen, wie zum Beispiel das Räuchern, Trocknen, Salzen oder Fermentieren. Diese Methoden wurden angewendet, um Fleisch länger genießbar zu machen und den Geschmack zu verbessern.

Jede Region und jedes Land hat eigene charakteristische Charcuterie-Spezialitäten. Weltweit bekannt sind z. B. Prosciutto und Jamón Serrano (italienischer bzw. spanischer luftgetrockneten Rohschinken), ungarische Salami, deutsche Bratwurst oder französische Pâtés.

Charcuterie erfordert Erfahrung und Fachwissen, denn oft sind komplexe Prozesse ausschlaggebend für das Gelingen von Fleisch- und Wurstprodukten. Es ist z. B. wichtig zu wissen, wie das Fleisch zerkleinert werden muss (faschiert, gehackt, gewürfelt …), welche Gewürze und Kräuter für einen noch besseren Geschmack sorgen, wie die Zutaten vermengt werden sollen und wie wichtig das richtige Aushärten oder Reifen ist. Charcuterie ist also eine Kombination aus Handwerkskunst, Tradition und modernen Techniken und wird sowohl von professionellen Metzgern und Fleischern als auch von Hobbyköchen geschätzt.

Die Kunst der Charcuterie wurde in den letzten Jahren „wiederentdeckt" und wird von vielen als eine besondere Form der Kulinarik und des Küchen-Handwerks

1 Wer „Charcuterie" googelt, wird zunächst hauptsächlich auf Bilder von so genannten „Charcuterie-Boards" stoßen – das kunstvolle Belegen von Platten mit Fleisch- und Wurstprodukten, also mit „Charcuterie-Produkten", ist gerade im Trend. Also verstehen viele unter diesem Begriff lediglich diese „Boards", denn wie so oft verbreiten sich bei trendigen Themen im Internet falsche Bezeichnungen.

geschätzt. Es gibt sogar spezialisierte Metzgereien und Delikatessengeschäfte, die sich auf die Herstellung und den Verkauf von hochwertigen Fleisch- und Wurstprodukten spezialisiert haben.

Charcuterie ist eine vielseitige und schmackhafte Art, Fleisch zu genießen und steht für Tradition, Qualität und Genuss. Sie vereint die alten Techniken der Fleischverarbeitung mit modernen Geschmackskombinationen und ist eine Bereicherung für die internationale Küche.

In diesem Buch geht es um einige Teilbereiche der Charcuterie, wobei Pasteten, Terrinen und Sülzen den meisten Platz einnehmen, daher gibt es im Anschluss einen kurzen Einblick in die Geschichte der Pasteten- und Terrinenkultur.

PASTETEN UND TERRINEN: GESCHICHTE

Pasteten und Terrinen haben eine lange Geschichte und sind fester Bestandteil der regionalen Küchen Europas, auch wenn es manchmal verwirrend ist, was denn nun eigentlich eine Terrine ist oder was als „Pastete" bezeichnet wird (siehe auch Definitionen der einzelnen Begriffe ab S. 15).

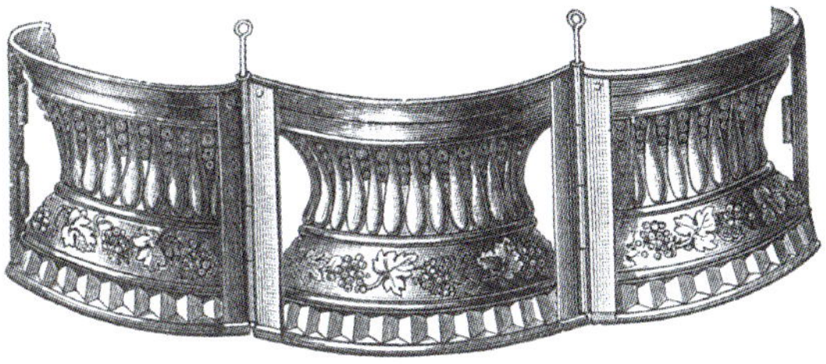

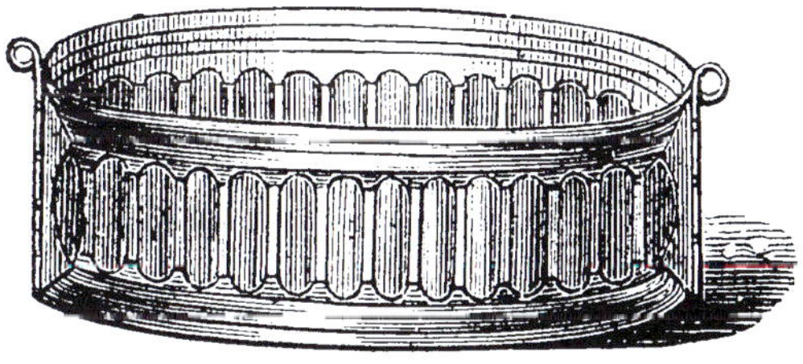

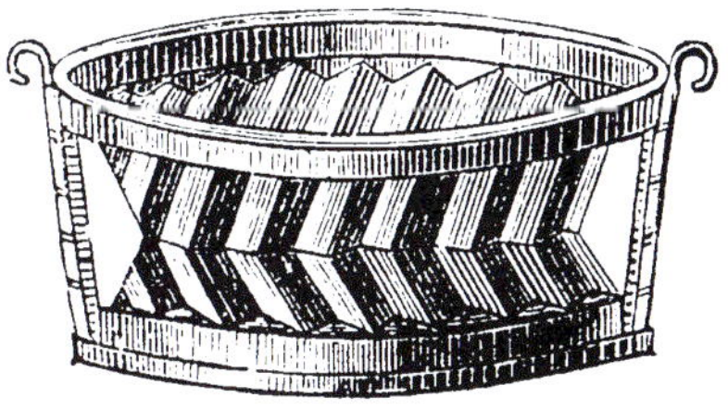

In Teig eingeschlagene und gebackene Pasteten waren schon im antiken Rom bekannt. Große Bekanntheit als höfische Spezialitäten erlangten sie spätestens im Mittelalter, und das nicht nur in Frankreich! Auch in Deutschland, Österreich und in anderen europäischen Ländern haben sie eine lange Tradition und sind eng mit der jeweiligen kulinarischen Geschichte des Landes verbunden.

Pasteten und Terrinen waren beliebte Gerichte bei königlichen Banketten und festlichen Anlässen. Mit viel Aufwand und Geschick bereiteten Hofköche und Küchenmeister in adeligen und bürgerlichen Haushalten wahre kulinarische Meisterwerke aus feinem Fleisch oder Fisch, edelsten Gewürzen sowie verschiedensten Kräutern und bereiteten diese in kunstvollen Formen zu. Pasteten und auch Terrinen waren oft mit kreativen Mustern und Verzierungen versehen und dienten als Zeichen des Wohlstands und der Raffinesse.

So waren beispielsweise während der Zeit der Habsburgermonarchie Pasteten (gefüllt mit verschiedensten Farcen aus Fleisch, Geflügel, Wild, Fisch, Gemüse oder sogar süßen Zutaten wie Marzipan) und Terrinen bei der österreichischen Aristokratie äußerst geschätzt.

Pasteten wurden jedoch auch in Wirtshäusern und auf Märkten und sozusagen als „mittelalterliches Streetfood" angeboten. Diese waren von den Zutaten her zwar nicht so exquisit wie bei Hofe, waren aber durch die deftige Fleischfülle in knuspriger Teighülle eine herzhafte, sättigende Mahlzeit.

Die Kunst der Pasteten- und Terrinenherstellung wurde von Generation zu Generation weitergegeben, und die Hofköche wetteiferten darum, die aufwändigsten und kunstvollsten Kreationen zu schaffen. Die bürgerliche Küche nahm Einflüsse aus der gehobenen Küche auf, während Hausfrauen und Wirtinnen eigene Variationen von Pasteten und Terrinen entwickelten, um möglichst einfache und dennoch köstliche Pasteten zuzubereiten.

Heutzutage sind Pasteten und Terrinen weiterhin in der Küche vieler Länder präsent und werden sowohl in traditionellen Gasthäusern als auch in gehobenen Restaurants serviert. Sie sind bei Feierlichkeiten und festlichen Anlässen nach wie vor sehr beliebt und werden oft als Vorspeisen oder auch als Hauptgerichte serviert. Neben den klassischen Varianten gibt es auch moderne Interpretationen mit kreativen Zutaten- und Geschmackskombinationen.

VON GÄNSELEBERPASTETE, LEBERKÄSE UND TAFELSPITZSÜLZCHEN

Im Laufe der Jahrhunderte entwickelten sich in den einzelnen Ländern, so auch in Deutschland und Österreich, regionale Variationen von Pasteten und Terrinen. Jedes Land hat seine Spezialitäten, die besonders beliebt und über die Landesgrenzen hinaus bekannt sind.

Die **französische „pâté"**, die oft aus einer Mischung aus Schweinefleisch, Leber, Gewürzen und Kräutern hergestellt wird, ist wohl eine der bekanntesten Pasteten überhaupt. Sie kann als in unterschiedliche Teige gehüllte Pastete gebacken, aber auch als Terrine zubereitet werden.

Sicher kennt jeder die berühmte **„Gänseleberpastete"**, bei der die Farce in Gläser gefüllt und im Wasserbad gegart wird. Die Bezeichnung kommt daher, weil in Frankreich der Begriff „pâté" nicht nur für Gerichte verwendet wird, die in Teighüllen gebacken werden. Genau genommen handelt es sich dabei jedoch um eine Terrine bzw. um ein Fleischprodukt im Glas.

Auch in der britischen Küche sind Pasteten bzw. ihre „Verwandten", die **Pies**, beliebt (z. B. „Steak and Kidney Pie" mit Rindfleisch, Nieren, Zwiebeln und einer reichhaltigen Soße, die mit Blätterteig bedeckt und im Ofen gebacken wird.

Die bekannte **„Kalbsleberpastete"** aus Kalbsleber, Schweinefleisch, Zwiebeln, Gewürzen und Kräutern ist küchentechnisch gesehen ebenfalls eine Terrine, weil sie nicht in Teig gebacken, sondern in einer Terrinenform im Wasserbad gegart wird.

Aber wer hätte gedacht, dass selbst der in Bayern und Österreich so beliebte **Leberkäse** in Wirklichkeit eine Terrine ist? Die Farce aus fein faschiertem Speck, Leber und Gewürzen wird in einer Kastenform im Backofen gebacken.

Eine typisch österreichische Spezialität ist die **„Tafelspitzsulz"**. Für das klassische Wiener Gericht wird magerer, zarter und saftiger Tafelspitz (Rindfleischteil) mit Suppengemüse und -kräutern sowie Gewürzen gekocht. Anschließend wird das fein geschnittene Fleisch abwechselnd mit dem mit Gelatine versetzten Kochsud in eine Terrinenform geschichtet und gekühlt.

Es gibt im Bereich Pasteten, Terrinen und Sülzen noch viele weitere bekannte Spezialitäten verschiedener Länder, viele dieser Klassiker bzw. Variationen davon finden Sie im Rezeptteil ab S. 39.

PASTETEN, TERRINEN, SÜLZEN UND CO.: DEFINITIONEN

Wie schon erwähnt, wird der Begriff „Pastete" häufig auch für Terrinen oder für Fleisch- und Wurstprodukte im Glas verwendet. Daher folgen im Anschluss die Definitionen der einzelnen Begriffe, wie sie in Standardwerken der Küchenliteratur[2] zu finden sind.

PASTETEN – HÖCHSTER GENUSS IN HÜLLE UND (MIT) FÜLLE

In diesem Buch werden nur jene Gerichte als „Pasteten" bezeichnet, für die eine Füllung mit Teig ummantelt wird. Für die Füllung (Farce) wird eine Mischung aus manchmal zuvor gekochtem, meist aber rohem Fleisch, Geflügel oder Fisch, Gewürzen, Kräutern und oft auch weiteren Zutaten wie Pilzen oder Gemüse im Standmixer oder mithilfe eines Fleischwolfs zerkleinert, bis die Masse fein und gleichmäßig ist. Danach wird die Farce in eine Teighülle eingeschlagen und die Oberfläche beliebig verziert. Die Pastete wird in einer Pastetenform im Ofen gebacken, bis der Teig goldbraun und knusprig ist. Diese traditionelle Methode zur Zubereitung von Pasteten reicht bis in die Antike zurück. Schon damals wurden verschiedene Arten von Teig verwendet, um Fleisch und andere Zutaten zu umhüllen und zu garen.

Pasteten werden oft als Hauptgericht mit Beilagen serviert, können aber auch als Vorspeise oder Teil eines festlichen Buffets oder einer Platte dienen. Sie können warm oder kalt genossen werden und werden oft mit Saucen, Chutneys oder Salaten gereicht. Wenn sie in speziellen Pasteten- oder in Springformen gebacken wurden, werden sie meist in Scheiben oder Keile geschnitten. In kleinen Portionsförmchen gebacken, werden sie im Ganzen serviert.

Die Grundlagen für die Zubereitung von Pasteten und Grundrezepte für Teige und Farce werden ab S. 20 beschrieben.

PIES & TOURTES

Als Abwandlungen bzw. „Verwandte" der teigummantelten Pasteten sind die ursprünglich aus Frankreich stammenden Tourtes und englischen Pies zu nennen. Pies werden wie Pasteten in runden oder eckigen Formen gebacken, die Fülle ist jedoch nur auf der Oberfläche von Teig bedeckt.

Für Tourtes wird wie bei Pasteten die Fülle mit Teig ummantelt, jedoch werden diese „Teigpäckchen" nicht immer in Formen, sondern einfach aufs Backblech gelegt und gebacken.

TERRINEN

Terrinen bestehen sozusagen nur aus der Farce, die in einer speziellen Terrinenform (oder alternativ in anderen Backformen, siehe auch S. 17–19) im Backofen meist im Wasserbad gegart werden. Im Gegensatz zu Pasteten, bei denen die Füllung oft sehr fein ist, ist die Farce einer Terrine in der Regel gröber und rustikaler. Die Farce, die aus einer Mischung aus gewürfeltem und durch den Fleischwolf getriebenem bzw. fein gehacktem Fleisch, Geflügel, Fisch oder püriertem Gemüse besteht, kann mit Gewürzen, Kräutern, Pilzen oder anderen Zutaten aromatisiert werden, um den Geschmack zu verfeinern.

Bei der klassischen Terrinenzubereitung wird die Form vor dem Einfüllen der Farce mit dünn geschnittenen

2 „Der Große Larousse Gastronomique". Das Standardwerk für Küche, Kochkunst, Esskultur, Christian Verlag, München 2009 | Maier-Bruck, Franz: **Klassische Österreichische Küche**, Seehamer Verlag GmbH, Weyam 2003 | **„Prato". Die gute alte Küche**. Neu ediert und kommentiert von Christoph Wagner, Pichler Verlag, Wien 2006

weißen Speckscheiben, durchzogenem Speck, einem Schweinenetz oder mit dünn gehobelten Gemüsescheiben ausgekleidet – der Teig entfällt.

Wie bei den Pasteten kann, falls gewünscht, die Oberfläche dekoriert werden.

Terrinen werden meist im Wasserbad im Backofen gegart (pochiert).

Genauere Informationen zur Zubereitung und zum Garen von Terrinen siehe ab S. 20.

Terrinen werden meist kalt serviert, nachdem sie gut abgekühlt sind. Sie können in Scheiben oder Würfel aufgeschnitten und als Hauptgericht, Vorspeise oder Teil eines Buffets serviert werden.

GALANTINEN

Galantinen sind eine kulinarische Spezialität, deren Herstellung etwas mehr Aufwand, Geschick und Geduld erfordert. Zunächst wird Fleisch, Geflügel oder Fisch sorgfältig entbeint bzw. entgrätet. Diese knochen- bzw. grätenlose Fleisch- oder Fisch-Hülle wird dann mit einer Farce aus Fleisch, Geflügel, Fisch oder Gemüse (bzw. einer Kombination daraus) gefüllt. Nachdem die Farce in das entbeinte Fleisch gefüllt ist, wird dieses zusammengerollt und mit Klarsichtfolie eingewickelt und gebunden, damit die Galantine während des langsamen Garprozesses besser ihre charakteristische Form behält (siehe Schritt-für-Schritt-Fotos auf S. 111).

Eine Galantine kann auf mehrere Arten gegart werden, je nach verwendeten Zutaten und persönlichen Vorlieben. Üblicherweise wird sie entweder in einem Fond pochiert oder in einem Wasserbad bzw. im Ofen gegart. Nach dem Garen wird die Galantine abgekühlt und kann zur optischen und geschmacklichen Verfeinerung noch mit einem Überzug aus Gelee oder Sauce versehen werden. Galantinen sind oft Bestandteil von kalten Buffets zu festlichen Anlässen.

SÜLZEN

Der Begriff „Sülze" oder „Sülzchen" bezeichnet ein Gericht, bei dem zuvor gekochtes und in beliebige Stücke geschnittenes Fleisch, Geflügel, Fisch oder Gemüse in einer klaren Aspikmasse eingebettet wird.

Die Zutaten für Sülzen können je nach Region, Jahreszeit und persönlichem Geschmack variieren. Beliebte Variationen sind z. B. „fleischige" Sülzen mit Tafelspitz und Wurzelgemüse oder „fischige" Leckerbissen wie Hering in Gelee oder Wurzelkarpfen.

Die Aspikmasse wird hergestellt, indem eine klare Flüssigkeit wie Rindssuppe, Fischfond oder Gemüsefond mit Gelatine oder einem anderen Geliermittel (z. B. Agar-Agar für vegane Varianten) vermischt wird. Das Geliermittel sorgt dafür, dass die Flüssigkeit fest wird und die Sülze ihre charakteristische Konsistenz erhält.

Nachdem die Aspikmasse vorbereitet ist, wird ein Teil in eine Form (oder in kleine Förmchen – siehe auch S. 18 und 19) gegossen und leicht abgekühlt. Dann werden die gekochten Fleisch-, Geflügel-, Fisch- oder Gemüsestücke in die Form gelegt. Die Kunst besteht im Schichten: Die Stückchen sollen sichtbar und an Ort und Stelle bleiben und nicht im Gelee „versinken". Dann werden sie mit der restlichen Aspikmasse übergossen, sodass sie vollständig bedeckt sind.

Die Form wird dann in den Kühlschrank gestellt, wo die Aspikmasse aushärtet und die Sülze fest wird. Nachdem die Sülze vollständig ausgehärtet ist, kann sie aus der Form gelöst und serviert werden.

Sülzen werden oft als Vorspeise mit einer leichten Sauce oder Vinaigrette oder als Teil eines kalten Buffets in kleinen Portionen oder Würfeln (Tipp: mit eine warmen Messer schneiden) serviert.

Zubereitung von Pasteten und Terrinen: Grundlagen

Wer an Pasteten, Terrinen, Sülzen & Co denkt, hat wahrscheinlich zunächst ein festliches, opulentes Buffet im Kopf. Oder auch die aufwendigen, ausgefallenen Spezialitäten, die früher in der Hofküche sowie in adeligen Kreisen von Spitzenköchen zubereitet wurden. Daher wagen sich viele nicht an dieses Thema heran. Sie denken, dass die komplexe Zubereitung ein enormes Können erfordern würde.

Das stimmt nicht ganz. Natürlich sind die meisten Zubereitungen zeitaufwendig. Aber mit genauen Zubereitungsschritten, wie sie im vorliegenden Buch zu finden sind, mit Geduld und Genauigkeit kann jeder sogar etwas schwierigere Pasteten, eine Galantine oder ausgefallene Terrinen zubereiten. Zudem sind viele der Rezepte im Buch wirklich einfach.

WAS GEBRAUCHT WIRD

Auch das Equipment, das man für die Herstellung von Pasteten, Terrinen, Sülzen & Co benötigt, ist höchstwahrscheinlich in jeder Küche vorhanden.

Für die Zubereitung einer Fleischfarce sind eine Küchenmaschine, ein Fleischwolf mit feinen und gröberen Scheiben (von 3 mm bis 6 mm), ein Cutter oder auch ein leistungsstarker Stabmixer mit Mixaufsatz hilfreich. Allerdings handelt es sich bei den Rezepten meist um haushaltsübliche Mengen. Deshalb können Fleisch, Fisch oder Gemüse durchaus auch händisch fein gehackt werden. Oder Sie lassen das Fleisch frisch vom Fleischer faschieren.

„FORMENLEHRE": SPEZIELLE FORMEN

Pasteten, Terrinen und Sülzen werden in Formen, die ihnen ihr charakteristisches Aussehen verleihen, zubereitet. Fleisch- und Wurstprodukte im Glas werden in Schraub- oder Bügelverschlussgläser, die sich zum Einkochen eignen, gefüllt und darin gegart.

Foto © Aleksandr Leljak

Spezielle Pastetenformen

Typisch französische Pastetenformen sind aus Metall und oval (tropfenförmig) oder länglich und rechteckig (kastenförmig). Die Besonderheit von klassischen Pastetenformen ist, dass die Seitenteile mit Scharnieren bzw. Stiften geschlossen und nach dem Backen dementsprechend geöffnet bzw. auseinandergeklappt werden können. Dadurch kann die Pastete nach dem Backen problemlos aus der Form genommen werden, ohne dass sie gestürzt werden muss. Die Seitenteile können gemustert oder glatt sein. Diese Formen sind in verschiedenen Größen erhältlich.

*

Terrinenformen

*

Pastetenformen

*

Kuchenformen

Wer regelmäßig Pasteten zubereiten will, sollte die Anschaffung einer Pastetenform in Erwägung ziehen. Als Ersatz können aber auch runde oder eckige Tortenspringformen, Kranzformen oder gewöhnliche Kastenformen verwendet werden. Die Formen sollten vor dem Auskleiden befettet werden, damit sich die Pasteten nach dem vollständigen Auskühlen auch gut aus der Form nehmen lassen.

Spezielle Terrinenformen

Terrinenformen sind meist schmäler und wesentlich länger als Kasten- oder Rehrückenformen. Sie können rechteckig, trapezförmig, dreieckig oder halbrund sein, haben gerade oder gerundete Seiten und sind meist aus Edelstahl. Es gibt aber auch Terrinenformen aus Gusseisen oder aus Keramik (Steinzeug). Manchmal werden sie mit einem Deckel geliefert, der während des Garens bzw. während der Kühlung aufgesetzt wird, um die Terrine zu komprimieren. Terrinenformen sind ideal für die Zubereitung von Terrinen und können auch für Sülzen verwendet werden.

Steinzeugformen

Diese gibt es mit oder ohne Deckel. Die besonders dicken Wandungen garantieren vor allem bei Terrinen ein gleichmäßiges Garen, sie eignen sich aber auch für die Herstellung von Pasteten und Sülzen.

Gusseisenformen

Formen aus emailliertem Gusseisen eignen sich besonders gut für Terrinen, weil sie eine gleichmäßige Erwärmung garantieren. Man kann sie natürlich auch für Pasteten verwenden. Sie sind zwar in der Anschaffung eher teuer, dafür aber sehr lange haltbar.

Cocottes

Dabei handelt es sich eigentlich um Schmortöpfe (meist aus Gusseisen) mit Deckel, die sich für viele pikante Brat- und Schmorgerichte und sogar zum Brotbacken eignen. Sie sind ebenfalls für die Zubereitung von Pasteten (ohne Deckel) und Terrinen verwendbar. Sehr hübsch sehen auch kleine Cocottes aus, in denen man die fertigen Terrinen oder Pasteten portionsweise servieren kann.

Dariolformen

Diese sind Portionsformen aus Metall, haben eine leicht konische Form, sind entweder rund oder oval und werden hauptsächlich für verschiedene Desserts wie Soufflés, Parfaits u. a. m. verwendet, eignen sich jedoch auch bestens für Pastetchen, kleine Terrinen oder Sülzchen.

Timbale

Dabei handelt es sich um portionsgroße, feuerfeste, becherförmige Gefäße, die ursprünglich für die Zubereitung von kleinen Pastetchen (Becherpasteten) verwendet wurden (weitere Verwendung siehe Dariolformen). Timbale können aus Edelstahl oder aus Porzellan sein.

* Fotos © Alexander Orthofer

ALTERNATIVEN: GEWÖHNLICHE BACKFORMEN

Für Pasteten, Terrinen und Sülzen kann man auch verschiedene im Haushalt vorhandene Backformen verwenden. Für die Zubereitung von Pasteten und Terrinen müssen diese auf jeden Fall hitzebeständig sein, und die fertigen Produkte sollen sich möglichst leicht aus der Form nehmen (Springformen) bzw. stürzen lassen. Für Sülzen eignen sich auch nicht hitzebeständige Gefäße. Die Auswahl der Form hängt auch von der gewünschten Größe der Pastete, Terrine oder Sülze ab: Statt einer einzigen Form kann man kleine Portionsformen aus Steingut, Keramik, Porzellan, Silikon oder Metall verwenden.

Springformen

Runde oder eckige Springformen aus Weiß- oder Schwarzblech, aus Aluminium oder Edelstahl eignen sich gut für Pasteten, weil diese sich aufgrund der Möglichkeit, die Form zu öffnen, leicht herauslösen lassen.

Kastenformen

Sie sind universell einsetzbar, ob für Terrinen, Teigpasteten oder Sülzen. Es gibt Kastenformen aus Blech (darauf achten, dass diese keine Roststellen haben!), Emaille, beschichtetem Material, Silikon oder Keramik.

Sogar „Einweg-Backformen" aus Aluminium oder anderen Materialien eignen sich für die Zubereitung von Terrinen und Pasteten.

Keramik- oder Glasformen

Dabei handelt es sich vorwiegend um rechteckige, runde oder ovale Auflaufformen (bzw. um kleine Souffléformen), die gut für die Herstellung von Pasteten, Terrinen oder Sülzen geeignet sind.

Kranzformen

Kranzformen haben ein Loch in der Mitte. Sie werden verwendet, um ringförmige Kuchen herzustellen. Pasteten und Terrinen gelingen in Kranzformen gut, weil diese ein gleichmäßiges Durchgaren des Produktes ermöglichen und zudem sehr hübsch aussehen.

Portionsförmchen

Wenn Einzelportionen hergestellt werden sollen, können je nach Produkt verschiedene Förmchen verwendet werden:

- **hitzebeständige Tassen:** für kleine Pasteten, Terrinen oder Sülzchen
- **Silikonformen:** für kleine Pasteten, Terrinen oder Sülzchen
- **Puddingformen:** für Sülzchen
- **Muffinformen** aus Silikon oder Metall: für kleine Pasteten, Terrinen oder Sülzchen

Portionsförmchen sind eine praktische Lösung, wenn z. B. die Menge eines Rezeptes nicht in die gewählte Terrinen-, Pasteten- oder sonstige Form passt. In diesem Fall kann man zusätzlich zur großen Form kleine Portionsförmchen füllen.

Fotos © Aleksand- Leljak

GLÄSER

Für Fleisch- und Wurstwaren, die im Glas gegart bzw. durch Einkochen haltbar gemacht werden, kommen Schraubverschluss- oder Bügelverschlussgläser (idealerweise Sturzgläser) zum Einsatz. Auch Sülzen oder Terrinen können darin zubereitet werden und eignen sich solchermaßen „verpackt" gut zum Verschenken.

DAS „AUSSENDRUM" BEI TERRINEN & PASTETEN

TERRINENFORMEN AUSLEGEN

Es gibt verschiedene Möglichkeiten, eine Form auszulegen, um die Terrine nach dem Garen leichter aus der Form lösen zu können und eine attraktive Präsentation zu erzielen. Bei der Auswahl einer Methode zum Auslegen der Terrinenform sollten Sie sowohl den Geschmack als auch das gewünschte Aussehen berücksichtigen. Experimentieren Sie mit den Varianten, um herauszufinden, welche am besten zu Ihrem Rezept und Ihrer persönlichen Vorliebe passt:

TIPP Den Hamburger Speck so auflegen, dass der magere Teil der vorigen Speckscheibe jeweils mit dem fettdurchzogenen Teil der nächsten Speckscheibe überlappt wird, dadurch liegen die fettdurchzogenen Seiten innen an der Terrine an und außen sieht man die mageren Teile.

Mit Speck- oder Schinkenscheiben

Legen Sie dünn geschnittene Speck- oder Schinkenscheiben überlappend in die Terrinenform. Die Speckscheiben sollten über die Seiten der Form hängen, um die Farce nach dem Einfüllen damit oben „zudecken" zu können. Der Speck verleiht der Terrine zusätzlichen Geschmack und sorgt für eine schöne Optik.

Weißer Speck

Je nach Rezept und Zutaten für die Farce kann Selchspeck, Lardo oder grüner Rückenspeck verwendet werden. Roher, weißer Speck (auch „grüner" Speck genannt) eignet sich als Ummantelung für viele Terrinen. Besonders gerne wird er für feine Terrinen mit Leber oder Wild verwendet, die manchmal nach französischem Vorbild „pâtés" oder „Pasteten" genannt werden. Daher wird auch der weiße Speck manchmal als „Pastetenspeck" bezeichnet. Zum Auslegen der Terrinenform wird am besten eine große, ca. 2 mm dicke Platte vom Rückenspeck verwendet; je größer und breiter die Platten sind, umso leichter sind sie zu verarbeiten.

Schweinenetz

Das netzartige Fettgewebe aus dem Bauchfell vom Schwein ist dünn, durchsichtig, mit einer feinen Marmorierung durchzogen und man sieht die darunterliegende Terrine. Es ist einfach, damit eine Terrinenform auszulegen: das Schweinenetz kalt wässern, ausdrücken und die Form damit auslegen, Farce einschichten und das Netz darüber zusammenschlagen.

Tipp: Stürzen Sie die Terrine nach dem Garen und nach dem Auskühlen. So haben Sie die eingeschlagene Oberseite „upside down", und die schöne, glatte „Terrinenseite" bildet eine gleichmäßige Oberfläche.

Hühner oder Entenhaut

Wenn z. B. eine komplette Ente oder ein Huhn für eine Terrinenfarce ausgelöst wird: Die Haut zuvor möglichst im Ganzen abziehen, entfetten und als „Hülle" zum Auslegen der Terrinenform verwenden.

Gemüseblätter

Verwenden Sie Gemüsesorten mit großen Blättern (wie Kraut, Kohl, Mangold) oder dünne, der Länge nach geschnittene Scheiben von z. B. Zucchini oder Karotten, um die Terrinenform auszulegen. Die Blätter bzw. die Gemüsescheiben kurz in heißem Wasser blanchieren, um sie geschmeidiger zu machen, dann sofort kalt abschrecken und die Form damit auslegen.

Die Gemüseblätter verleihen der Terrine nicht nur eine attraktive Optik, sondern können auch zusätzlichen Geschmack bieten.

Frischhaltefolie oder Backpapier

Wenn Sie eine glatte Oberfläche für Ihre Terrine wünschen, können Sie die Terrinenform mit Frischhaltefolie auslegen. Dadurch wird die Terrine leichter aus der Form gleiten.

FORMEN FÜR SÜLZEN AUSLEGEN

Frischhaltefolie

Diese ist nur für Sülzen und nicht zum Garen im Backofen geeignet! Schneiden Sie ein großzügiges Stück Frischhaltefolie größer als die Terrinenform zu. Legen Sie damit die Form aus und lassen die restliche Folie an den Seiten der Form überhängen. Das erleichtert dann das Entnehmen der Sülze, weil sie herausgehoben werden kann und weil verhindert wird, dass sie am Boden der Form haften bleibt.

PASTETENFORMEN MIT TEIG AUSLEGEN

Pastetenteig

Für die **„Hülle"** einer Pastete können Sie verschiedene Teigsorten verwenden, wie beispielsweise Pastetenmürbteig, Blätterteig, Briocheteig oder klassischen Mürbteig (Grundrezepte siehe ab S. 28). Der Teig verleiht eine knusprige Textur und eine attraktive goldene Kruste

Nehmen Sie zwei Drittel vom Teig (den restlichen Teig legen Sie wieder in den Kühlschrank; dieser wird später für den Deckel der Pastete gebraucht, siehe S. 23) und rollen ihn ca. 3–5 mm dick aus (Bild 1). Achten Sie darauf, dass der Teig groß genug für die ganze Form ist und noch über deren Rand hängt. Dafür rechnen Sie überschlagsmäßig zur Bodenfläche der Form die vier Seitenflächen + mindestens 3 cm zusätzlich dazu (Bild 2). Bei runden Formen nehmen Sie den Durchmesser + die Seitenhöhe + mindestens 3 cm). Dann legen Sie die Teigplatte in die Form (Bild 3). Drücken Sie den Teig in die Ecken und streichen ihn an den Seitenwänden glatt (Bild 4). Der überschüssige Teig hängt über die Ränder der Form, diesen schneiden Sie auf 2 cm Überlänge zu. Die Teigreste zusammenkneten und kalt stellen, daraus können Sie später die Motive für die Verzierung der Pastetenoberfläche ausstechen, ausschneiden oder formen.

*

*

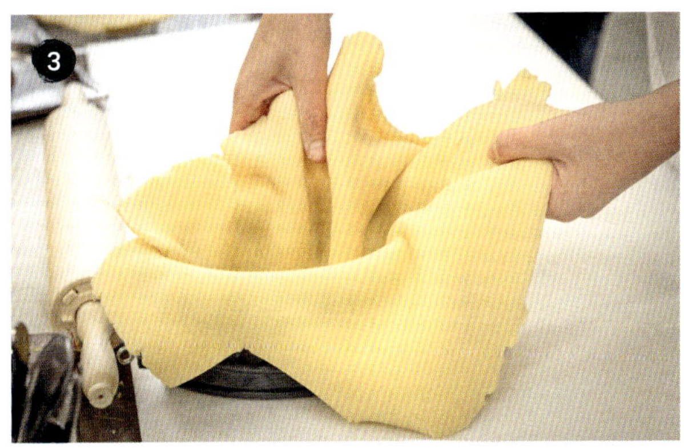

*

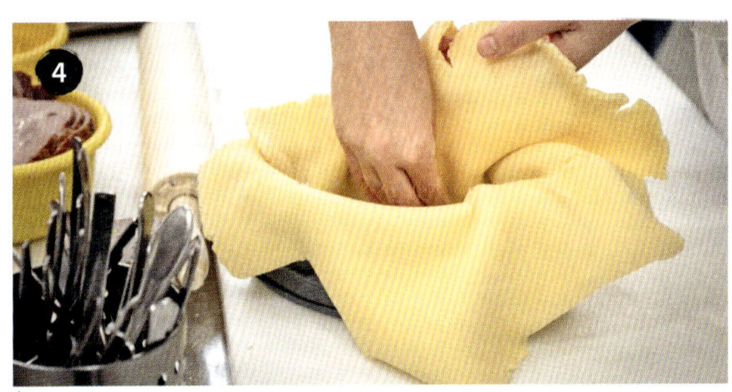

*

* Fotos © Aleksandr Leljak

DAS „INNENDRIN“: DIE FARCE

Farcen sind Füllungen bzw. Füllmassen für Gerichte wie Pasteten, Terrinen, Galantinen und Tourtes. Die jeweilige Farce ist sozusagen die essentielle Komponente für jede einzelne Pastete, Terrine & Co. in diesem Buch. Sie bildet das Herzstück dieser köstlichen Gerichte, verleiht ihnen ihre charakteristische Textur und sorgt durch ihre Zutaten und Gewürze für reichlich Aroma. Sie können Ihrer Kreativität freien Lauf lassen und beliebige Variationen und Kombinationen von Zutaten und Gewürzen ausprobieren. Ob deftig oder delikat, traditionell oder experimentell – die Farce ist der Schlüssel, um Ihre Pasteten und Terrinen zu wahren Gaumenfreuden zu machen.

ZUTATEN

Die Farce besteht aus einer Mischung verschiedener Zutaten, die zu einer glatten und homogenen Masse verarbeitet werden. Der Fantasie sind dabei keine Grenzen gesetzt, und je nach Geschmack und Vorlieben können unterschiedliche Zutaten verwendet werden. Traditionell besteht eine Farce aus Fleisch oder Geflügel, aber auch Fisch, Gemüse oder Pilze können als Basis bzw. als zusätzliche Zutaten dienen.

Die Farce kann mit Gewürzen, Kräutern, Wein, Fonds, Brühe (Suppe) oder Obers u. v. m. verfeinert werden, um zusätzliche Aromen hinzuzufügen oder eine andere Konsistenz zu erlangen.

KONSISTENZ & GESCHMACK

Der Schlüssel zur perfekten Farce liegt in der Kombination der Zutaten, ihrer Zerkleinerung und ihrer Vermengung. Die Textur sollte dabei glatt und geschmeidig sein, damit sie sich gut in die Pasteten- oder Terrinenform füllen lässt. Dazu werden die Zutaten in der Regel fein gehackt, im Mixaufsatz eines leistungsstarken Stand- oder Stabmixers zerkleinert oder faschiert (durch den Fleischwolf getrieben), um eine homogene Textur zu erzielen. Manchmal wird die Farce auch durch ein Sieb gestrichen, um eine besonders glatte Konsistenz zu erzielen. Sie sollte gut gewürzt sein, um volle Aromen zu entwickeln.

Wichtig ist die Kühlung der Farce, um sie gut formbar zu machen und damit sie während der Zubereitung nicht an Festigkeit verliert. Fallweise wird die Farce sogar im Eisbad gekühlt, um eine optimale Konsistenz zu erhalten. Die Herstellung der Farce erfordert oft etwas Geduld.

Vor allem bei Fleischfarcen ist es zu empfehlen, eine kleine Bratprobe zu machen. Erstens dient das der Feststellung, ob die Bindung passt; falls das nicht der Fall sein sollte, muss die Masse erneut gut durchgeknetet werden. Zweitens können Geschmack und Würzung bei einer gegarten Farce besser beurteilt werden als bei einer rohen.

EINFÜLLEN DER FARCE

Sobald die Konsistenz der Farce nach der Kühlung perfekt ist, kann sie in die vorbereitete mit Teig ausgelegte Pastetenform bzw. mit Speck- oder Gemüsestreifen ausgelegte Terrinenform (Information über Formen siehe auch S. 17–19) gefüllt werden. Oft wird sie mit diversen Einlagen wie einem Filet, Pilzen, Gemüsestücken, Nüssen oder Trüffeln geschichtet, um zusätzliche Geschmacksnuancen zu erzeugen.

Beim Einfüllen der Farce ist darauf zu achten, dass möglichst keine Lufteinschlüsse in der Masse vorhanden sind. Deshalb wird die Farce mit einem Küchenspatel, mit einer Gabel oder mit einem Löffel beim Einfüllen immer wieder festgedrückt und glatt gestrichen.

Wenn man das sorgfältig macht und sich beim Einfüllen der Farce ein bisschen Zeit lässt, wird man mit einem besonders schönen Schnittbild belohnt.

Spezielle Terrinenformen haben oft einen Deckel, der mit Schrauben fixiert werden kann, damit kann man die Farce „pressen".

EINLAGE IN DER FARCE

*

Viele Rezepte sehen zusätzlich zur Farce eine Einlage vor, die z. B. aus Fleisch oder Gemüsestücken bestehen kann. Wenn es sich um größere Fleischstücke wie z. B. Filets handelt, werden diese zumeist angebraten.

Die Einlagen sollten unbedingt mit etwas Farce eingerieben werden. Das verringert die Gefahr, dass sich die Farce und die Einlage trennen und Leerräume entstehen. Das kann passieren, wenn das Fleisch zu kalt ist – dadurch kondensiert die Feuchtigkeit an der Oberfläche und es kann sich nicht mit der Farce verbinden.

UMMANTELN

Die Farce wird mit Teig (bei Pasteten oder Tourtes), mit Speck- bzw. Gemüsestreifen (bei Terrinen) oder mit der entbeinten Fleischhülle (bei Galantinen) eingeschlagen und die Oberfläche nach Belieben verziert (Pasteten mit Teigresten, aus denen verschiedenste Motive ausgestochen werden können, bei Terrinen können Lorbeerblätter, Pfefferkörner oder andere Zutaten, die in der Farce vorhanden sind, die Speck- oder Gemüseschicht verzieren).

PASTETENTEIGDECKEL: VERSCHLIESSEN UND VERZIEREN

Den Teigdeckel für die Oberfläche machen Sie aus dem beiseitegelegten Teigdrittel, der Deckel sollte ein bisschen größer als der Umfang bzw. der Durchmesser der Form sein.

Nachdem der überstehende Rand des Teiges mit verquirltem Ei bestrichen worden ist (Bild 1), wird der Teigdeckel daraufgelegt und der überstehende Teig mit dem Teigdeckel gut zusammengedrückt bzw. gekrendelt (Bild 2).

Eine andere Methode ist, den überhängenden Teig „einzuklappen", also auf die Farce zu legen, dann mit Ei zu bestreichen und darauf den Teigdeckel zu legen, dieser wird so gut wie möglich mit dem Teigrand darunter festgedrückt.

Anschließend werden aus den Teigresten Motive zum Verzieren der Oberfläche ausgeschnitten oder ausgestochen und dekorativ auf dem Teigdeckel platziert (Bilder 3 und 4).

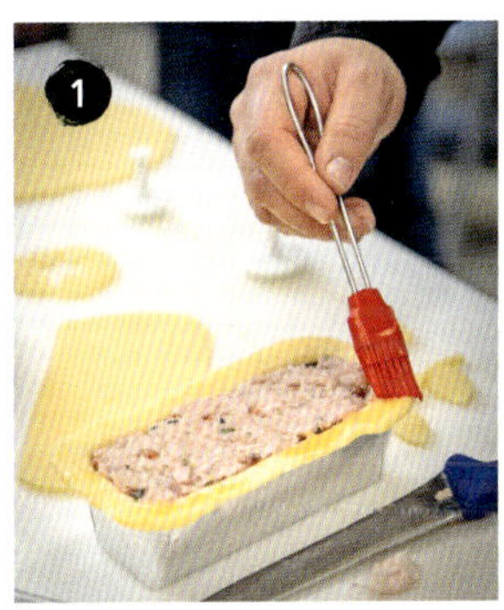

*

*

*

*

* Fotos © Aleksandr Leljak

KAMIN FÜR PASTETEN

Bei vollständig ummantelten Teigpasteten ist es besonders wichtig, sogenannte „**Kamine**" in die Teigoberfläche zu setzen. Durch sie kann der Überdruck, der durch den beim Backen entstehenden Dampf verursacht wird, entweichen. Sonst würde die Teighülle aufreißen und könnte dann nicht ausgegossen werden.

Zuerst wird eine Öffnung in die Teigoberfläche gemacht; am einfachsten gelingt eine schöne runde Öffnung mit einem Kerngehäuseausstecher oder einem kleinen runden Keksausstecher (ca. 1 cm Ø). Es sieht schön aus, wenn man um das Loch einen ausgestochenen Teigring legt. Den Kamin kann man aus Alufolie ganz einfach selbst basteln: Einen 10 × 15 cm langen Streifen Alufolie einmal längs falten und über einem Stift (gleicher Durchmesser wie das ausgestochenen Loch) einrollen. Bei speziellen Pastetenformen sind die Kamine meist dabei (Bilder 1 und 2).

Fotos © Aleksandr Leljak

DAS GAREN VON PASTETEN, TERRINEN & CO.

GRUNDLEGENDES

Es gibt verschiedene Garmethoden für die im Buch angeführten Rezepte. Es ist wichtig, die spezifischen Anweisungen bei den jeweiligen Rezepten zu beachten, da die Gartemperaturen je nach Art der Zutaten und Größe der verwendeten Formen variieren können. Die Innentemperatur von Pasteten, Galantinen und Terrinen sollte mit einem Einstichthermometer überprüft werden, um sicherzustellen, dass die empfohlene Kerntemperatur erreicht wurde und das Gericht durch ist. Das gilt für alle im Anschluss beschriebenen Zubereitungsmethoden.

PASTETEN

Backen im Ofen

Dies ist die einzige Methode zum Garen von Pasteten. Die Pastete wird in einer Pasteten- oder anderen Backform auf den Gitterrost oder auf ein Backblech in den vorgeheizten Backofen gestellt und so lange gebacken, bis die beim jeweiligen Rezept angegebene Kerntemperatur erreicht und die Pastete durchgegart ist.

WICHTIG! Weil jeder Ofen anders bäckt und die Zubereitungsdauer immer von der Größe und „Dicke" der Pastete bzw. Terrine abhängt, kann keine verbindliche Angabe über die Garzeit gemacht werden. Daher ist bei den Rezepten jeweils die Kerntemperatur angegeben, die erreicht werden muss. Mit einem Einstichthermometer können Sie die Kerntemperatur bestens überprüfen und werden so immer die gewünschte Garstufe erreichen. Das gilt nicht nur für Pasteten, sondern auch für Terrinen und Galantinen!

TERRINEN

Wasserbad (Bain-Marie) im Ofen

Terrinen werden meistens im Wasserbad gegart. Die Farce wird in eine Terrinenform (siehe auch S. 18–19) gegeben, mit einem Deckel oder Alufolie verschlossen und in ein größeres Behältnis (z. B. die Fettpfanne des Backofens oder eine große Bratpfanne) gestellt, das mit heißem Wasser gefüllt ist. Die Terrine wird dann im Wasserbad im vorgeheizten Ofen gegart (die Temperatur darf nicht zu hoch sein). Das Wasserbad hilft, eine gleichmäßige und schonende Hitzeverteilung um die Terrine herum zu gewährleisten.

Dampfgaren

Diese schonende Garmethode eignet sich gut für empfindlichere Terrinen. Der Dampf gart das Gericht sanft und sorgt für eine gleichmäßige Hitze. Die Terrinenform wird in einen Dampfgarer oder über einem Topf mit kochendem Wasser platziert und muss dabei unbedingt mit einem Deckel oder mit Folie abgedeckt werden. Die Garzeit variiert je nach Größe und Dicke der Terrine.

Im Kombi-Dampfgarofen lassen sich Terrinen ebenfalls sehr gut zubereiten.

Sous Vide

Terrinen können mit der Sous-Vide-Methode gegart werden. Die Terrine in der Form wird in einen Vakuumbeutel verpackt und bei niedriger Temperatur in einem Wasserbad oder in einem Sous-Vide-Garer gegart (pro Zentimeter eine Stunde). Die niedrige Gartemperatur von 70 °C führt zu einer gleichmäßigen und saftigen Textur der Terrine.

GALANTINEN

Braten bzw. Garen im Wasserbad (Bain Marie) im Backofen

Die häufigste Zubereitungsart für Galantinen ist das Braten im Backofen. Eine andere Methode besteht darin, die Galantine in eine Form oder einen Behälter zu geben und diesen in ein größeres Behältnis zu stellen, das mit heißem Wasser gefüllt ist. Die Galantine wird dann im Wasserbad im Ofen gegart. Das Wasserbad sorgt für eine gleichmäßige und schonende Hitzeverteilung um die Galantine herum und gewährleistet gleichmäßige Garung.

Sous Vide

Diese Methode wird immer beliebter für die Zubereitung von Galantinen. Die Galantine wird vakuumverpackt und bei niedriger Temperatur (ca. 70 °C) in einem Wasserbad oder Sous-Vide-Garer gegart. Diese schonende Zubereitung ergibt eine zarte und saftige Galantine.

Dampfgaren

Die gleichmäßige Hitzeverteilung beim Dampfgaren ist ebenfalls eine perfekte Garmethode für Galantinen.

FLEISCH- UND WURSTPRODUKTE IM GLAS

Einkochen

Die Masse wird in sterilisierte Gläser gefüllt. Die Gläser werden verschlossen und in einen Einkochtopf oder einen großen Topf mit Wasser gestellt (nicht zu dicht aneinander!), alternativ kann auch ein Dampfgarer verwendet werden. Das Wasser wird zum Kochen gebracht, wodurch der Inhalt der Gläser haltbar gemacht wird. Die Wassertemperatur beträgt ca. 75 °C (die genaue Wassertemperatur und die Garzeit hängen vom einzukochenden Produkt und vom Rezept ab).

Garen über Dampf

Auch Fleisch- und Wurstprodukte im Glas können gedämpft werden. Wer keinen Dampfgarer besitzt, stellt die Gläser in einen Siebeinsatz in einen Topf mit kochendem Wasser. Der Dampf gart das Fleisch schonend und sorgt für eine gleichmäßige Hitzeverteilung.

Garen im Wasserbad

Dazu werden die Gläser in eine Auflaufform gestellt (nicht zu eng nebeneinander). Die Auflaufform wird dann mit heißem Wasser gefüllt, bis die Gläser etwa zur Hälfte ihrer Höhe im Wasser stehen. Das Garen erfolgt im Backofen, wobei das Wasserbad eine gleichmäßige und schonende Hitzeverteilung gewährleistet.

DIE FERTIGSTELLUNG VON PASTETEN, TERRINEN & CO.

GRUNDLEGENDES

Nach dem Garen ist es für Pasteten, Terrinen und Galantinen wichtig, sie gut auskühlen zu lassen, am besten über Nacht. Nach dem gänzlichen Auskühlen müssen die Füllungen eine feste, schnittfeste Konsistenz erreicht haben.

TIPP Je länger Pasteten, Terrinen und Galantinen ausgekühlt durchziehen können, desto besser, intensiver bzw. harmonischer wird der Geschmack. Darum sollten sie mindestens einen, wenn nicht zwei Tage vorher zubereitet werden. Darum eignen sie sich bestens als Bestandteil von Festtagsmenüs. Sie sind zum Festmahl fertig, ohne am selben Tag noch Arbeit zu machen.

Es gibt je nach Rezept eventuell vor bzw. nach dem Auskühlen noch folgende Zubereitungsschritte durchzuführen:

ABGIESSEN (ENTFETTEN) VON TERRINEN

Nach dem Garen wird falls notwendig (v. a. bei Terrinen mit Fleischfarce) die Flüssigkeit (Fleischsaft und flüssiges Fett) abgegossen. Fleischfarcen verlieren durch das Garen etwa ein Drittel ihres Volumens. Dann wird die Terrine zum Auskühlen kalt gestellt.

AUSGIESSEN VON PASTETEN

Nach dem Backen werden die Kamine entfernt, und die Pasteten müssen vollkommen auskühlen. Dann wird die Teigpastete mit Gelee ausgegossen, damit der Zwischenraum zwischen „Hülle und Fülle", der durch das Backen entstanden ist, gefüllt wird. Der Hauptgrund ist eine längere Haltbarkeit, denn das Gelee „vakuumiert" sozusagen die Farce im Teiginneren.

Ein Grundrezept für ein Gelee zum Ausgießen finden Sie auf S. 33. Dieses Gelee kann auf die Geschmacksrichtung der Farce abgestimmt werden. Das aufgekochte, noch warme Gelee wird in die Kaminöffnungen gegossen und die Pastete wird erneut kalt gestellt.

AUSGIESSEN VON TERRINEN

Auch Terrinen, allerdings nur jene, die aus Fleischfarce hergestellt sind, werden nach dem Abgießen des Fetts gut gekühlt und danach mit Gelee ausgegossen, um die Terrinen länger haltbar zu machen (solange die Terrinen bzw. auch die Pasteten nicht angeschnitten werden, sind sie im Kühlschrank durchaus 1–2 Wochen haltbar).

ABGLÄNZEN VON TERRINEN, PASTETEN UND GALANTINEN

Damit Terrinen, Galantinen und in Stücke geschnittene Pasteten beim Servieren besonders appetitlich aussehen und die Schnittflächen nicht austrocknen, werden sie bzw. die Schnittflächen der Portionsstücke meist kurz zuvor mit einem Gelee abgeglänzt (ganz dünn eingepinselt). Dazu werden Gelatineblätter in erhitzter Flüssigkeit aufgelöst (Grundrezepte siehe S. 33 und 34).

Fotos © Aleksandr Leljak

GRUNDREZEPTE

PASTETENTEIGE

Für alle Teige wird die Verwendung von Mehl der Type W480 (in D: Type 405) empfohlen, wenn bei den einzelnen Rezepten nicht anders angegeben. Statt mit den Fingern kann man Mehl und Butter auch mit den Knethaken des Handmixers oder der Küchenmaschine zu einer krümeligen Masse verarbeiten.

Wie viel Teig wird benötigt?

Grundsätzlich gilt, dass man umso mehr Teig benötigt, je kleiner, enger oder schmaler die Form ist. Je breiter eine Form ist oder wenn Sie z. B. eine runde Springform verwenden, dann benötigen Sie weniger Teig.

Daher sind auch die Mengenverhältnisse zwischen Teig und Füllung/Farce bei den Rezepten teilweise sehr unterschiedlich. Für „normale", haushaltsübliche Kastenformen ist das Mengenverhältnis Teig/Füllung ca. 1:2. Bei einer sehr schmalen, hohen Terrinenform oder bei kleinen Portionsförmchen kann man von einem Mengenverhältnis Teig/Füllung von ca. 1:1 ausgehen.

Diese Angaben gelten für alle Teige außer für Strudelteig – davon benötigt man weniger, weil er ja sehr dünn ausgezogen wird: 440 g Strudelteig reichen für eine annähernd blechgroße Tourte, eine Springform mit 30 cm Ø oder eine sehr große Pastetenform (50 × 12 cm).

WICHTIG! Grundsätzlich gilt: besser zu viel als zu wenig Teig! Es kann sein, dass bei den Rezepten manchmal Teig übrig bleibt. Diesen können Sie zum Verzieren der Pastete verwenden. Wenn noch immer etwas übrig ist, können Sie daraus „pikante" Kekse backen: Ausstechen, mit verquirltem Ei bepinseln und mit Gewürzen (Kümmel, Sesam etc.) und/oder geriebenem Käse nach Belieben bestreuen.

Pastetenmürbteig

ZUTATEN
für ca. 800 g Teig

500 g Mehl
9 g Salz
255 g Butter
1 Ei
8–12 EL Wasser

TIPP Für einen besonders feinen Pastetenmürbteig ein zusätzliches Ei sowie einen Teelöffel Zucker zufügen und 125 ml Milch anstatt des Wassers verwenden.

In einer Schüssel das Mehl und das Salz vermischen. Die gewürfelte kalte Butter zum Mehl geben. Mit den Fingern die Butter in das Mehl einarbeiten, bis die Mischung krümelig wird und die Butterstücke ungefähr erbsengroß sind.

Das verquirlte Ei zum Teig geben, nach und nach kaltes Wasser hinzufügen und mit den Händen zu einer homogenen Masse verkneten. Nicht zu lange kneten, um eine zähe Textur zu vermeiden.

Den Teig zu einem flachen Teigziegel formen und diesen in Frischhaltefolie einwickeln.

Den Teig mindestens 30 Minuten im Kühlschrank ruhen lassen, damit er sich besser ausrollen lässt und die Butter wieder fest wird.

Weitere Verarbeitung siehe jeweilige Rezepte bzw. S. 21 und 23.

Französischer Pastetenteig

ZUTATEN
für ca. 1,1 kg Teig

375 g kalte Butter
500 g Mehl
100 g Maisstärke
80 g Wasser
1 Schuss Weißweinessig

Die kalte Butter in Würfel schneiden und in eine große Schüssel geben, die übrigen Zutaten dazugeben und rasch zu einem elastischen Teig verkneten. 30 Minuten kühl stellen, danach weiterverarbeiten wie bei den Rezepten beschrieben.

Klassischer pikanter Mürbteig

ZUTATEN
für ca. 860 g Teig

500 g Mehl
250 g kalte Butter
100 ml Wasser
3 Eidotter (Eigelb)
1 TL Salz

Das Mehl und das Salz in einer Schüssel vermischen. Mit den Fingern die in Würfel geschnittene Butter in das Mehl einarbeiten, bis die Mischung krümelig wird.

Das Wasser und den Eidotter zum Teig geben und mit den Händen rasch zu einer homogenen Masse verkneten.

Den Teig zu einem flachen Ziegel formen, in Frischhaltefolie eingewickelt 30 Minuten im Kühlschrank rasten lassen.

Briocheteig

ZUTATEN
für ca. 1 kg Teig

½ Würfel Hefe (22 g)
60 ml lauwarme Milch
250 g Butter
500 g Mehl Type W700 (D: Type 550)
1 TL Kristallzucker
1 Prise Salz
4 Eier
1 Eidotter (Eigelb)

Die Hefe in die lauwarme Milch bröseln und darin unter Rühren auflösen. Butter in kleine Würfel schneiden und alle Zutaten sehr gut zu einem glatten Teig verkneten. Bei Zimmertemperatur zugedeckt 45 Minuten gehen lassen. Nochmals verkneten und zugedeckt in Kühlschrank bis zur weiteren Verarbeitung rasten lassen.

TIPP Der Teig kann anfangs klebrig sein, aber während des Knetens wird er allmählich elastischer.

Tarteteig

ZUTATEN
für ca. 820 g

420 g Mehl
1 TL Salz
240 g kalte Butter
3 Eier
4–5 EL Wasser

In einer Schüssel das Mehl und das Salz vermischen. Die gewürfelte kalte Butter zum Mehl geben. Mit den Fingern die Butter in das Mehl einarbeiten, bis die Mischung krümelig wird und die Butterstücke ungefähr erbsengroß sind. Die leicht mit einer Gabel verquirlten Eier zum Teig geben, nach und nach kaltes Wasser hinzufügen und mit den Händen zu einer homogenen Masse verkneten. Nicht zu viel kneten, um eine zähe Textur zu vermeiden. Den Teig zu einer Kugel formen und in Frischhaltefolie einwickeln. Den Teig mindestens 30 Minuten im Kühlschrank ruhen lassen, damit er sich besser ausrollen lässt und die Butter wieder fest wird.

Danach auf einer leicht bemehlten Arbeitsfläche ca. 3–4 mm dick ausrollen und die befettete Form damit auslegen.

Blätterteig

ZUTATEN
für ca. 1,3 kg Teig

500 g Mehl
50 g zerlassene Butter
1 TL Salz
250 ml kaltes Wasser

Butterziegel

500 g kalte Butter
50 g Mehl

Mehl für die Arbeitsfläche

TIPP Das mehrmalige Zusammenklappen und erneute Ausrollen des Teiges nennt sich Tourieren. Dadurch entstehen die blättrigen Schichten im Teig. Sie können selbstverständlich auch gekauften Blätterteig verwenden.

Das Mehl in eine Schüssel sieben und die flüssige Butter hinzufügen. Mit den Händen vermengen, bis der Teig krümelig ist. Das Salz dazugeben und erneut gut vermischen. Langsam kaltes Wasser hinzufügen und alles mit kalten Händen rasch zu einem glatten Teig verkneten.

Danach den Teig in Frischhaltefolie einwickeln und für 30 Minuten in den Kühlschrank stellen.

Für den Butterziegel die kalte Butter in mehrere Stücke schneiden und das Mehl darübersieben, alles gut verkneten, daraus einen ca. 18–20 cm großen Ziegel formen. Den Butterziegel für 30 Minuten in den Kühlschrank legen.

Den gekühlten Teig zu einem Rechteck (20 × 40 cm) ausrollen. Den Butterziegel auf eine Hälfte des Teiges legen und die andere Hälfte darüberklappen, die Teigränder gut andrücken und zu einem Rechteck ausrollen.

Das Rechteck von unten nach oben zur Mitte hin klappen und von oben nach unten ebenfalls.

Den Teig erneut ausrollen und das Zusammenklappen wiederholen. Den Teig für 30 Minuten in den Kühlschrank stellen.

Auf der leicht bemehlten Arbeitsfläche den Blätterteig länglich ausrollen. Wieder zusammenklappen und ausrollen.

Danach auf einer leicht bemehlten Arbeitsfläche ca. 3–4 mm dick ausrollen und die befettete Form damit auslegen.

Strudelteig

ZUTATEN
für ca. 440 g Teig

250 g Mehl Type W700
3 g Salz
62 ml Öl
125 ml Wasser

Das Mehl und das Salz in einer Schüssel vermischen. Das Öl zum Mehl geben und gut untermischen. Nach und nach das warme Wasser hinzufügen und mit einer Gabel oder den Händen gut vermengen.

Die Masse aus der Schüssel nehmen und auf einer leicht bemehlten Arbeitsfläche kneten, bis der Teig glatt und elastisch ist, dann zu einer Kugel formen, mit einem Geschirrtuch abdecken und etwa 30 Minuten ruhen lassen.

Den Teig auf einer leicht bemehlten Arbeitsfläche hauchdünn ausrollen oder mit den Händen ausziehen (er sollte beinahe durchsichtig sein).

Danach die befettete Form damit auslegen.

ZUBEREITUNG FARCEN UND FÜLLUNGEN

ALLGEMEIN

Um ein köstliches Produkt zu erhalten, sind frische Zutaten von guter Qualität unerlässlich. Die Variationen für Farcen sind unglaublich vielfältig, wie Sie bei den Rezepten sehen werden.

Fleischfarce

Eine Fleischfarce wird oft aus Faschiertem hergestellt (siehe Grundrezept S. 32) und kann mit weiteren Zutaten wie Gewürzen, Kräutern, Gemüse oder auch Eiern verfeinert werden.

Fischfarce

Die Grundmasse besteht meist aus fein gehacktem Fischfilet, vermischt mit ergänzenden Zutaten wie Obers, Eiern, Gewürzen oder Kräutern.

Gemüsefarce

Eine Gemüsefarce enthält püriertes oder fein gehacktes Gemüse, das mit Gewürzen und Kräutern verfeinert und eventuell auch mit Eiern oder Obers gebunden wird. Damit können köstliche vegetarische Pasteten oder Gemüseterrinen zubereitet werden.

Geflügelfarce

Aus fein gehacktem Geflügelfleisch, Gewürzen, Kräutern und manchmal auch Obers oder Eiern wird eine Geflügelfarce zubereitet.

SCHRITT FÜR SCHRITT ZUR FARCE

- Alle Zutaten bereitstellen, Hauptzutaten wie Fleisch, Fisch, Gemüse etc. je nach Rezept und gewünschter Konsistenz fein hacken, würfeln, pürieren oder durch den Fleischwolf drehen (Zutaten sollen gleichmäßig zerkleinert sein, um eine homogene Farce zu erhalten).

- Alle zerkleinerten Zutaten in eine Schüssel geben und gründlich mit den Händen, einem Löffel oder einer Küchenmaschine vermengen.

- Gewürze, Kräuter, Salz, Pfeffer oder andere Aromen hinzufügen, um die Farce zu würzen, dabei persönliche Vorlieben und das gewünschte Geschmacksprofil des Gerichts berücksichtigen, die Farce vor dem Verwenden gut abschmecken.

- Je nach Rezept und Verwendungszweck der Farce kann es erforderlich sein, die Konsistenz anzupassen: Dazu z. B. Eier, Obers, Semmelbrösel oder andere Bindemittel hinzufügen, um die Farce zu lockern oder zu binden.

- Die fertig zubereitete Farce für einige Zeit im Kühlschrank ruhen lassen. Dadurch können sich die Aromen besser entfalten und die Farce wird etwas fester.

- Beim Einfüllen der Farce darauf achten, dass es keine Lufteinschlüsse gibt – immer wieder gut glatt streichen!

- Beim Garen von Fleischfarcen muss man mit einem Volumenverlust von ca. 30 % der Masse rechnen. Deshalb die Formen sehr voll füllen, ev. sogar einen kleinen „Gupf" (eine Wölbung) machen.

- Überschüssige Farce kann ein bis zwei Tage im Kühlschrank aufbewahrt werden oder in zusätzlichen kleinen Portionsförmchen oder hitzebeständigen Tassen gegart werden.

WICHTIG! Angenommen, die Form, die Sie verwenden wollen, hat ein Fassungsvermögen von einem Liter, dann können Sie davon ausgehen, dass Sie für eine Terrine gut einen Kilogramm Farce (inkl. Einlage) benötigen. Für eine Pastete brauchen Sie je nach Form etwa 10–20 % weniger Farce, weil die Form ja mit Teig ausgelegt ist.

Grundrezept einfache Farce

ZUTATEN
für ca. 1,3 kg

Basis
1 kg Faschiertes vom Schwein, Rind oder gemischt
2 Eier
200 ml Obers
ca. 26 g Salz
ca. 3 g Pfeffer
ca. 7 g Gewürze nach Geschmack (z. B. Piment, Nelken, Muskatnuss …)

Ergänzend, je nach persönlichen Vorlieben
1 kleine Zwiebel
2 Knoblauchzehen
2 EL frisch gehackte Kräuter (z. B. Petersilie, Thymian, Rosmarin)

Das Faschierte in eine große Schüssel geben und mit den Händen auflockern.

Falls gewünscht, die fein gewürfelte Zwiebel, den fein gehackten Knoblauch und die frischen Kräuter zum Faschierten geben.

Die Eier und das Obers (die Sahne) hinzufügen und alles gut verkneten, bis eine gleichmäßige, gut bindende Masse entsteht.

Die Farce mit Salz, Pfeffer und Gewürzen nach Belieben abschmecken. Achten Sie darauf, die Farce kräftig zu würzen, da sich der Geschmack beim Garen etwas abschwächt.

Die Farce für etwa 30 Minuten im Kühlschrank rasten lassen, damit sich die Aromen entfalten können und die Farce etwas fester wird.

ACHTUNG: Die Konsistenz der Farce sollte jedoch nicht zu allzu fest sein, um sie dicht (ohne Lufteinschlüsse) in die Pasteten- oder Terrinenform füllen zu können.

TIPP Diese einfache Grundfarce kann als Basis für verschiedene Pasteten- und Terrinenrezepte dienen. Sie können je nach Vorlieben und Rezept weitere Zutaten wie gehacktes Gemüse, Nüsse, Pilze, Gewürze oder auch klein gewürfelten Speck hinzufügen, um den Geschmack zu variieren. Lassen Sie Ihrer Kreativität freien Lauf und experimentieren Sie mit verschiedenen Zutaten und Gewürzen, um Ihren eigenen einzigartigen Geschmack zu kreieren.

Grundrezept Gewürzmischung

ZUTATEN
für ca. 280 g

30 g Knoblauchgranulat
20 g frisch gemahlener schwarzer Pfeffer • 20 g Kümmelsamen
10 g gemahlener Kümmel
180 g Kochsalz • Majoran nach Geschmack

Alle Zutaten vermengen.

TIPP Grundsätzlich gilt für die Verwendung für Gewürzen, dass sie ein viel intensiveres Aroma aufweisen, wenn sie frisch gemahlen werden. Kleine Mengen können Sie in einem Mörser zerkleinern, für größere Mengen empfiehlt sich eine Gewürzmühle.

Grundrezept Geflügel-Kalbs-Fond

ZUTATEN
für ca. 500 ml Fond

2 ausgelöste Geflügelkarkassen und -haut (am besten von Poularden)
1 kg zerkleinerte Kalbsknochen
6 EL Öl
2 Zwiebeln
2 Karotten
½ Sellerieknolle
1 EL Tomatenmark
250 ml Weißwein
3 l Wasser
2 Knoblauchzehen
ca. 15 weiße Pfefferkörner
1 Lorbeerblatt
4 Wacholderbeeren
1 TL Salz

Die Karkassen mit dem noch daran haftenden Fleisch sowie die Haut zerkleinern. Mit den Kalbsknochen in einem großen Topf im erhitzten Öl rundherum kräftig anbraten. Wenn die Knochen schon eine gute Farbe haben, halbierte Zwiebeln und geputztes, grob zerkleinertes Suppengemüse mitrösten. Immer kräftig rühren, dann Tomatenmark zugeben und mitrösten. Auf drei Etappen mit Wein ablöschen. Die Röststoffe lösen und einreduzieren, bis der Satz schön „schmierig" ist. Dann mit Wasser auffüllen, die Gewürze beifügen und mindestens 4–5 Stunden bei geringer Hitze langsam simmern lassen. Das aufsteigende Eiweiß (Schaum) abschöpfen und am Ende durch ein feines Sieb (oder Etamintuch) abseihen.

TIPP Die ausgelöste Karkasse der Poularde kann durch diverse Geflügelkarkassen (Fasan, Ente …) oder durch Wildkarkassen (Hase, ausgelöster Hirsch-, Reh- oder Gamsrücken, Rippen von Schalenwild) ersetzt werden. So erhalten Sie einen Geflügel- oder Wildfond. Den Wein anpassen (Rotwein für Wild, Ente, Rind; Weißwein für Fisch, Geflügel, Schwein).

Für Rinderfond verwenden Sie statt der Poulardenkarkassen und der Kalbsknochen insgesamt ca. 800 g zerkleinerte Rinderknochen.

Fond können Sie gleich in größeren Mengen zubereiten und in kleinen Gefäßen (jeweils 150–200 ml) abfüllen und einfrieren.

Gelee zum Ausgießen und Abglänzen

ZUTATEN
für ca. 300 ml

300 ml Fond (Geflügel, Rind, Wild, Gemüse, Fisch)
8 Blatt Gelatine

Die Gelatine in kaltem Wasser einweichen, den Fond erwärmen und darin die ausgedrückte Gelatine unter Rühren auflösen. Die Masse etwas abkühlen lassen und damit durch die Kamine die Pastete bzw. nach dem Abgießen des entstandenen Fetts/Fleischsafts die Terrine ausgießen.

Zum Abglänzen von Terrinen braucht man ca. 50 ml Gelee.

PORTWEIN-, RIESLING-, SCHILCHER- *oder Madeiragelee*

ZUTATEN

für ca. 300 ml (reicht in der Regel für eine Pastete bzw. Terrine)

200 ml Fond (Geflügel, Rind, Wild, Gemüse, Fisch)
100 ml Portwein, Riesling, Schilcher oder Madeira
8 Blatt Gelatine

Den Fond sowie den gewünschten Wein erwärmen und darin die zuvor in kaltem Wasser eingeweichte und ausgedrückte Gelatine unter Rühren auflösen.

Die Masse etwas abkühlen lassen und damit die Pastete bzw. die Terrine ausgießen.

TIPP Nach diesem Rezept können Sie jedes beliebige schnittfeste Gelee herstellen. Sie können z. B. den Fond, die Gewürze und die flüssigen Zutaten auf die Zutaten der Farce abstimmen.

Pastetengewürz

PASTETEN WURDEN OFT MIT WEISSEM PFEFFER, PIMENT, MUSKATBLÜTE, GEWÜRZNELKE, LORBEER, MAJORAN, MUSKATNUSS, ROSMARIN, SALBEI UND ZIMT GEWÜRZT. HIER FINDEN SIE DIE SPEZIALMISCHUNG DER AUTOREN:

ZUTATEN

für ca. 90 g

50 g weißer Pfeffer, gemahlen
10 g Piment, gemahlen
10 g Ingwerpulver • 10 g Macis (Muskatnussblüte), gemahlen; alternativ 10 g Zimtpulver
10 g Gewürznelke, gemahlen

weitere Zutaten nach persönlichem Geschmack bzw. je nach Rezept

getrockneter Rosmarin, gemahlen
getrockneter Thymian, gemahlen
getrockneter Basilikum, gemahlen

TIPP Pasteten waren im Mittelalter unter anderem deshalb hauptsächlich in adeligen Kreisen bekannt und beliebt, weil sie intensiv gewürzt und so zu einem „Luxusgut" wurden. Denn Gewürze aus fernen Ländern waren sehr teuer.

Foto © Alexander Orthofer

Rezepte FÜR PASTETEN

Schritt für Schritt
ZUR PASTETE

Traditionelle Variationen von mit Teig ummantelten Pasteten sind im Regelfall fleischig gefüllt, in den letzten Jahren wurden vegetarische Pasteten, die Gemüse- oder Pilzfüllungen enthalten können, immer beliebter. Daher reicht auch die Auswahl in diesem Buch von Klassikern wie z. B. Geflügelpastete oder Schinkenpastete mit Trüffel über die einfache „Hausfrauenpastete von Oma Mosshammer“ bis hin zu kreativen Variationen wie einem Gemüsepie oder einer Tourte mit Spinat und Ei.

❶ Die Form mit flüssiger Butter befetten. Zwei Drittel des Pastetenteiges etwa 4 mm dick ausrollen, den ausgerollten Pastetenteig über die Unterarme legen.

❷ Teig in die Form legen.

❸ Mit den Fingern den Teig in die Ecken der Form drücken und an den Seiten möglichst glatt streichen.

❹ Den über den Rand hängenden Teig wegschneiden, sodass etwa 2 cm über dem Rand übrig bleiben.

❺ Die Farce etwa 3 cm hoch in die mit Teig ausgekleidete Form füllen. Falls eine Einlage vorgesehen ist, die Farce an den Seiten etwas hochziehen, damit in der Mitte der Farce eine Rinne entsteht.

❻ Die Einlage (in diesem Fall ein Schweinefilet) mit ein bisschen von der Farce einreiben, damit eine Bindung entsteht. Das Filet in die Farce-Rinne legen.

❼ Anschließend die restliche Farce in die Form füllen und mit einem Löffel möglichst glatt streichen, damit keine Lufteinschlüsse in der Farce sind.

❽ Den überhängenden Teig mit verquirltem Ei bestreichen. Den restlichen Teig ausrollen, den Teigdeckel ausschneiden und darauflegen.

❾ Die Teigränder gut mit den Fingern zusammendrücken und falls gewünscht krendeln (die Teigränder mit den Fingern zu einem Muster formen, wie am Bild zu sehen ist).

❿ Zwei Löcher in der Größe der Kamine (Dampfabzüge) ausschneiden, das geht am besten mit einem Kerngehäuseausstecher oder mit einem kleinen Keksausstecher.

⓫ Die Teigreste (vom Abschneiden des überhängenden Teigrands) in beliebige Motive schneiden oder Formen ausstechen, mit diesen die Teigoberfläche verzieren.

⓬ Die Kamine einsetzen und die Teigoberfläche mit Ei bestreichen.

1
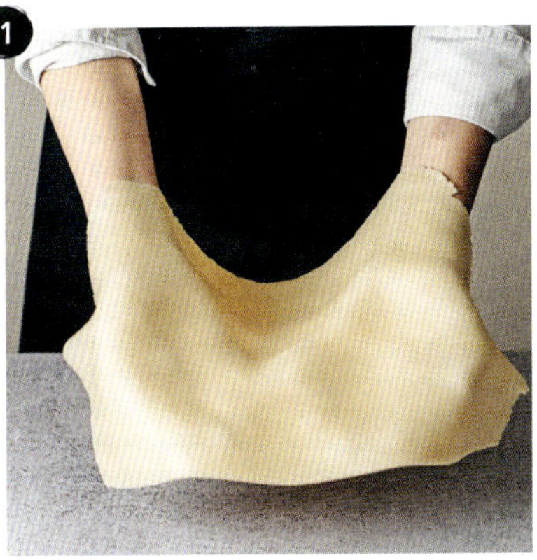
2
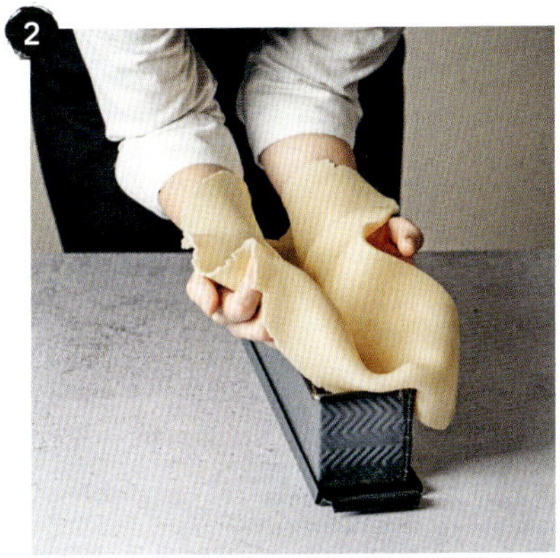
3

4

5

6

7

8
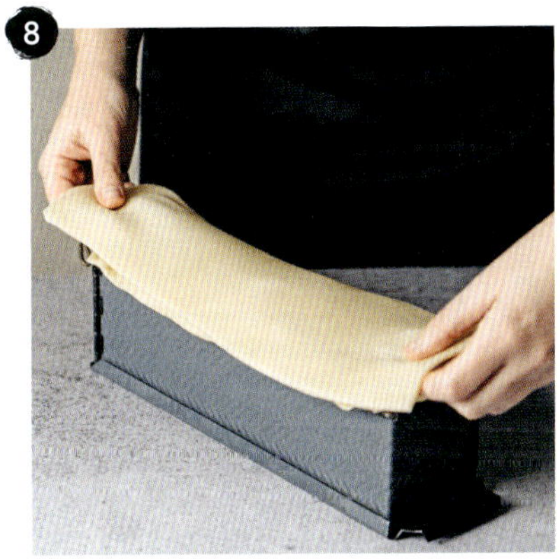
9

10

11

12

Vogelbeerpastete

EINGELEGTE VOGELBEEREN UND SCHWARZE NÜSSE FINDEN SIE ONLINE VON EINIGEN ANBIETERN. ICH BEVORZUGE JENE VON FINK'S HABERL. AUCH IN DELIKATESSEN- ODER BAUERNLÄDEN SIND DIESE SPEZIALITÄTEN MANCHMAL ZU FINDEN.

ZUTATEN

für eine Form
(ca. 32 × 8,5 × 8,5 cm,
Fassungsvermögen
ca. 2,3 Liter)

ca. 830 g Pastetenmürbteig
(Rezept S. 28)

Einlage & Farce

30 g eingelegte Vogelbeeren
(alternativ z. B. getrocknete
Cranberrys)
30 g Pistazien
20 g eingelegte schwarze
Nüsse
50 g gekochter Schinken
50 g gepökelte Zunge
ca. 400 g Schweinefilet
(möglichst schmal)
Salz
Öl zum Anbraten
560 g magere Schweine-
schulter
320 g roher Speck
ca. 7 g Pastetengewürz

Butter für die Form
Ei zum Bestreichen
ca. 300 ml Portweingelee
zum Ausgießen
(Rezept S. 34)

Den Pastetenmürbteig, wie auf S. 28 beschrieben, zubereiten und rasten lassen.

Den Saft von den eingelegten Vogelbeeren abgießen und aufheben. Die Pistazien grob, die schwarzen Nüsse fein hacken. Schinken und Zunge in kleine Würfel schneiden.

Das Schweinefilet salzen und rundum kurz in heißem Öl anbraten.

Das Schweinefleisch und den Speck salzen und würzen und durch die feine Scheibe (3 mm) des Fleischwolfs faschieren.

Das Faschierte mit dem Saft der Vogelbeeren mischen und ein zweites Mal faschieren.

Die vorbereiteten Pistazien, die schwarzen Nüsse, den Schinken und die Zunge in die Farce einarbeiten. Dann vorsichtig die Vogelbeeren unterheben.

Zwei Drittel vom Teig auf einer leicht bemehlten Arbeitsfläche ca. 3–4 mm dick ausrollen (der restliche Teig bleibt im Kühlschrank, siehe auch S. 21). Form wie auf S. 36 beschrieben mit Teig auslegen, befüllen und mit dem Teigdeckel verschließen.

Die Pastete auf den Rost (mittlere Schiene) in den auf 180 °C Ober-/Unterhitze vorgeheizten Backofen stellen und etwa 30 Minuten anbacken.

Dann die Temperatur reduzieren und bei 100 °C fertig backen, bis eine Kerntemperatur von 65 °C erreicht ist. Aus dem Ofen nehmen, die Kamine entfernen, die Pastete einige Stunden (am besten über Nacht) auskühlen lassen. Dann das Portweingelee zum Ausgießen, wie auf S. 34 beschrieben, zubereiten.

Die erkaltete Pastete durch die Kaminöffnungen mit leicht abgekühltem Portweingelee ausgießen und erneut ca. 1 Stunde kalt stellen, bis das Gelee schön fest ist.

Geflügelpastete

MIT DIESER FÜLLE IST DIE PASTETE EIN MUSS FÜR FANS VON GEFLÜGELFLEISCH. DAS „INNENDRIN“ BESTEHT IN DIESEM FALL NICHT AUS EINER FARCE, DIE FLEISCHSTÜCKE WERDEN LEDIGLICH DURCH DEN EISCHNEE GEBUNDEN.

ZUTATEN

für eine große Form (oder zwei kleinere; insg. ca. 2 Liter)

ca. 800 g französischer Pastetenteig oder Pastetenmürbteig (Rezept S. 28)
Butter für die Form

Füllung

500 g Hühnerfilet
300 g Entenfilet
450 g Putenfilet
20 g Salz
frisch gemahlener Pfeffer
1 EL Paprikapulver
½ TL Cayennepfeffer
1 Prise Zucker
30 ml Portwein
200 g Entenleber
2 Eiklar (Eiweiße)

ca. 300 ml Portweingelee (Rezept S. 34)

Für die Füllung Hühner-, Enten- und Putenfilets in 1 cm große Würfel schneiden.

Mit Salz, Pfeffer, Paprikapulver und Cayennepfeffer vermischen, Zucker und Portwein dazugeben. Gut verrühren und zugedeckt über Nacht im Kühlschrank marinieren lassen.

Den Teig, wie auf S. 28 beschrieben, zubereiten und rasten lassen.

Die Entenleber in 1 cm große Würfel schneiden und mit den Geflügelwürfeln vorsichtig verrühren. Eiklar zu steifem Schnee schlagen und unterheben.

Zwei Drittel des Pastetenteigs ca. 5 mm dick ausrollen und damit die mit flüssiger Butter bestrichene Form auslegen (siehe S. 21 und 37). Die Füllung in die mit Teig ausgelegte Form geben, mit einem Löffel niederdrücken und glatt streichen, damit sie möglichst kompakt und ohne Lufteinschlüsse ist.

Die Pastete mit dem aus dem restlichen Teig ausgerollten und zugeschnittenen Teigdeckel abdecken, verschließen, Kamine setzen (siehe S. 24), falls gewünscht verzieren.

Im auf 180 °C Ober-/Unterhitze vorgeheizten Backofen etwa 40 Minuten goldbraun backen, bis eine Kerntemperatur von 70 °C erreicht ist. Aus dem Ofen nehmen und vollständig abkühlen lassen (am besten über Nacht).

Am nächsten Tag die völlig ausgekühlte Pastete mit Gelee ausgießen (siehe S. 26), erneut kühl stellen und fest werden lassen.

OFFENE Entenpastete

DIESE OFFENE VARIANTE EINES VON MIR AUSPROBIERTEN UND ABGEWANDELTEN FRANZÖSISCHEN KLASSIKERS IST EIGENTLICH ZUFÄLLIG ENTSTANDEN: MIR IST SCHLICHTWEG DER TEIG AUSGEGANGEN – FÜR DIE DECKPLATTE HAT ES NICHT MEHR GEREICHT. ICH BIETE DIESE PASTETE AUCH IN MEINEM GESCHÄFT AN, UND BEI UNSEREN KUNDEN KOMMT DIE PASTETE SEHR GUT AN, WEIL SIE EINEN BLICK INS INNERE OFFENBART.

ZUTATEN

für eine große Form (oder zwei kleinere; insg. ca. 2,5 Liter)

ca. 500 g französischer Pasteteig (Rezept S. 28)

Einlage

2 kleine Flugentenfilets • Salz
Orangensaft zum Marinieren
100 g zugeputzte Entenleber
Öl zum Anbraten

Farce

500 g Schweinehals
500 g ausgelöste und parierte Entenkeulen
ca. 22 g Salz • ca. 2 g Pfeffer
ca. 5 g Quatre-epices
ca. 3 g abgeriebene Schale von einer Bio-Orange)
50 g Schalotten • 10 g Portwein • 20 g Orangensaft
1 Ei • 50 g Obers
50 g geschälte ganze Pistazien • 20 g fein gehackte schwarze Nüsse

ca. 750 ml Portweingelee zum Ausgießen (Rezept S. 34)
kandierte Orangenscheiben
gehackte Pistazien

Für die Einlage von den Entenfilets die Innenfilets entfernen (für die Farce beiseitelegen). Auf der „fleischigen" Seite der Filets die feinen Sehnen und Häute entfernen. Die Haut mit der Fettschicht wegschneiden.

Die Filets salzen und über Nacht in Orangensaft marinieren.

Für die Farce Schweinefleisch und Entenkeulen in walnussgroße Würfel schneiden, in einer großen Schüssel mit den Gewürzen und den Orangenzesten gut vermischen.

Die Schalotten langsam in der Pfanne anlaufen lassen, bis sie glasig sind (nicht bräunen!) und zum gewürzten Fleisch geben.

Portwein und Orangensaft hinzufügen, alles gut vermischen und 1–3 Stunden marinieren lassen.

Den Pastetenteig, wie auf S. 28 beschrieben, kneten und rasten lassen.

Die für die Einlage marinierten Entenfilets rundherum in erhitztem Öl anbraten und auf Küchenpapier legen. Die Entenleber in Würfel schneiden, kurz anbraten und ebenfalls auf Küchenpapier abtropfen lassen.

Das marinierte Fleisch für die Farce mit der 3-mm-Scheibe des Fleischwolfs faschieren, das Ei, Obers und falls gewünscht noch Orangenzesten dazugeben und alles gut vermischen.

Die Masse noch einmal durch die 3-mm-Scheibe faschieren.

Die die restlichen Zutaten zur Farce geben und gut durchkneten.

Den Pastetenteig 3–5 mm dick ausrollen, die Pastetenform damit auslegen (siehe S. 21 und 37).

Offene Entenpastete

Die mit Teig ausgekleidete Form bis zu einem Drittel der Höhe mit Farce befüllen.

Die Entenfilets trocken tupfen und mit ein bisschen Farce einreiben (dadurch vermindert sich das Risiko, dass sich die Einlage nicht mit der Farce verbindet). Die Filets einlegen und mit der restlichen Farce die Form auffüllen. Die Oberfläche glatt streichen.

Mit einer Küchenschere oder einem Messer den überstehenden Teigrand auf 2 cm zuschneiden und krendeln (siehe S. 37, Bild 9).

Die Oberfläche der Farce komplett mit einem Streifen Backpapier (oder Alufolie) abdecken und beschweren (z. B. mit einer anderen Form, getrockneten Bohnen etc.)

Im auf 180 °C vorgeheizten Backofen 15 Minuten backen, dann die Abdeckung entfernen und die Temperatur auf 120 °C reduzieren. Fertig backen, bis eine Kerntemperatur von 65 °C erreicht ist.

Die Pastete über Nacht durchkühlen. Den Hohlraumzwischen Pastetenteig und Farce mit Portweingelee ausgießen (siehe S. 26).

Die Oberfläche mit etwas Portweingelee zum Fixieren der Verzierungen beträufeln, mit kandierten Orangenscheiben und gehackten Pistazien verzieren. Wenn das Dekor fixiert ist, mit Portweingelee fertig ausgießen, auch die Oberfläche. ACHTUNG: eher in kleinen Etappen! Das Gelee darf nicht zu heiß sein, sonst „schwimmen" die Verzierungen wieder weg.

TIPP Diese Pastete wurde in einer sehr großen „Profi"-Pastetenform gebacken. Sie können die Zutatenmenge halbieren, damit dieser Klassiker in eine Ihrer „normal großen" Kasten- oder Springformen passt.

Hausfrauenpastete
NACH OMA
MOSSHAMMER

Hausfrauenpastete nach Oma Mosshammer

Meine Mutter hat als berufstätige Frau nicht viel Zeit zum Kochen gehabt. Aber auch aus der „schnellen Küche“ können köstliche Gerichte kommen! So ist z. B. ihre Hausfrauenpastete einfach vom Feinsten! Wir haben sie als Kinder geliebt, und genauso gut kommt diese einfache Pastete nach wie vor bei allen an – natürlich auch bei ihren Enkeln.

Zutaten

für eine Pastete (ca. 40 × 15 cm)

ca. 400 g Blätterteig (oder beliebiger anderer Teig, Rezepte siehe ab S. 28)
1 Ei zum Bestreichen

Füllung

200 g Schinken, hauchdünn geschnitten
1 Apfel
200 g Käse
50 g Salami
6 Cocktailtomaten
1 Bund Schnittlauch
Oregano oder Pizzagewürz

TIPP Gerade wenn es schnell gehen soll, können Sie statt selbst gemachtem Blätterteig natürlich auf gekauften zurückgreifen!

Den Teig, wie auf S. 30 beschrieben, zubereiten, rasten lassen und dann auf einer bemehlten Arbeitsfläche 4 mm dick ausrollen (45 × 35 cm). Vom Rand einen ca. 8 cm breiten Streifen für die Verzierung abschneiden.

Das mittlere Teigdrittel mit der Hälfte der Schinkenscheiben belegen. Apfel schälen, vierteln, entkernen und in Scheiben schneiden. Käse in 3 mm dicke Scheiben, dann in Streifen (ca. 1 × 4 cm) schneiden.

Käsestreifen abwechselnd mit den Apfelscheiben auf dem Schinken verteilen. Darauf die Salamischeiben verteilen.

Tomaten in 5 mm dicke Scheiben schneiden und auf die Salamischeiben legen. Schnittlauch klein schneiden, mit dem Oregano über die Tomaten streuen, mit den restlichen Schinkenscheiben abdecken.

Die nicht mit Fülle bedeckten Teigseiten dünn mit verquirltem Ei bestreichen, dann über der Fülle zusammenklappen. Auf ein mit Backpapier belegtes Backblech legen.

Über den zuvor abgeschnittenen Teigstreifen mit einem Gitterschneider darüberrollen, den Teig auseinanderziehen (siehe S. 76). Das Gittermuster über die Pastete legen und mit dem restlichen verquirlten Ei bestreichen.

Im auf 220 °C Umluft vorgeheizten Ofen auf der mittleren Schiene 30 Minuten backen. Temperatur reduzieren auf 160 °C und 20 Minuten fertig backen.

Schinkenpastete
MIT TRÜFFEL

DIESE FEINE TEIGPASTETE WIRD DURCH DIE ZUGABE VON TRÜFFEL ZU ETWAS GANZ BESONDEREM. WELCHE MENGE AN TRÜFFELPASTE SIE DAZUGEBEN, HÄNGT GANZ VOM PERSÖNLICHEN GESCHMACK AB UND NATÜRLICH VON DER QUALITÄT DER VERWENDETEN PASTE.

ZUTATEN
für eine Form (ca. 2,1 Liter)

750 g Pastetenmürbteig (Rezept S. 28)
Butter für die Form
1 Ei zum Bestreichen

Einlage & Farce

600 g mageres Schweinefleisch
300 g grüner (roher) Speck
ca. 20 g Salz
ca. 2 g schwarzer Pfeffer
2 Knoblauchzehen
150 g gekochter Schinken
60 g geschälte Pistazien
30 g schwarze Nüsse
2 EL Trüffelpaste
ca. 300 g gepökeltes Schweinefilet (das Filet sollte sehr schmal sein oder der Länge nach halbiert werden!)
Öl zum Anbraten

ca. 300 ml Sherrygelee zum Ausgießen (Rezept S. 34)

Den Pastetenteig, wie auf S. 28 beschrieben, zubereiten und rasten lassen.

Das Schweinefleisch und den Speck in walnussgroße Würfel schneiden, mit Salz, Pfeffer und Knoblauch würzen, zweimal mit der 3-mm-Scheibe des Fleischwolfs faschieren.

Den fein gewürfelten Schinken, die Pistazien, die fein gehackten schwarzen Nüsse und die Trüffelpaste unter die Farce mischen.

Das gepökelte Schweinefilet in erhitztem Öl rundherum anbraten und kalt stellen.

Die befettete Pastetenform mit dem 4 mm dick ausgerollten Teig auslegen (siehe S. 37). Die Hälfte der Farce in die Form füllen und an den Seiten ein bisschen hochziehen. Das Schweinefilet mit ein wenig Farce einreiben, das Filet mittig einlegen und die restliche Farce einfüllen, gut glatt streichen, damit es keine Lufteinschlüsse in der Farce gibt.

Den überhängenden Teig einschlagen, mit Ei bestreichen und mit dem Teigdeckel (siehe S. 23) abdecken, mit Teigresten verzieren, mit Ei bestreichen und die Kamine setzen.

Den Backofen auf 200 °C Umluft vorheizen und die Pastete ca. 20 Minuten vorbacken. Danach die Temperatur auf 160 °C reduzieren und fertig backen (ca. 45 Minuten), bis eine Kerntemperatur von 68 °C erreicht ist.

Die Pastete über Nacht durchkühlen, dann mit Sherrygelee ausgießen (siehe S. 34) und wiederum kalt stellen.

TIPP Falls Sie kein gepökeltes Schweinefilet erhalten, können Sie alternativ rohes Selchkarree verwenden.

TIPP Diese Pastete kann auch warm serviert werden, die Füllung ist aber in diesem Fall nicht so schön fest wie nach dem Auskühlen.

SPINAT-FRISCHKÄSE-
Pastete mit Eiern

DIESE VEGETARISCHE PASTETE IST EINE ABWANDLUNG DER BERÜHMTEN „TORTA PASQUALINA", DER ITALIENISCHEN OSTERTORTE. SIE KÖNNEN SIE AUCH MIT PASTETENMÜRBTEIG ZUBEREITEN ODER, WENN ES SCHNELL GEHEN SOLL, FERTIGEN BLÄTTERTEIG KAUFEN.

ZUTATEN
für eine Springform (ca. 24 cm Ø)

500 g Blätterteig (Rezept S. 30)
1 EL Butter für die Form
1 Ei zum Bestreichen

Füllung

2 EL Olivenöl
3 Schalotten
1,2 kg frischer Spinat
2 Knoblauchzehen
3 Eier
250 g Frischkäse
200 g Topfen
125 ml Obers (Sahne)
100 g geriebener Parmesan
Salz und Pfeffer
4 hart gekochte Eier

Den Teig, wie auf S. 30 beschrieben, zubereiten und rasten lassen (oder alternativ gekauften Blätterteig verwenden).

Olivenöl in einer Pfanne erhitzen, fein gehackte Schalotten sowie den gewaschenen, gut abgetropften Spinat hineingeben und unter ständigem Rühren zusammenfallen lassen.

Den fein gehackten Knoblauch dazugeben, den Spinat sautieren, bis die Flüssigkeit verkocht ist. Dann vom Herd nehmen, in einem Sieb abtropfen und abkühlen lassen.

Den Spinat zwischen den Händen ausdrücken und mit einem Messer fein hacken.

Die Eier mit dem Frischkäse und dem Topfen glatt verrühren, das Obers und den geriebenen Parmesan dazugeben. Mit Salz und Pfeffer würzen und den gehackten Spinat unter die Frischkäse-Topfen-Masse heben. Alles gut verrühren.

Zwei Drittel des Teiges ca. 4 mm dick ausrollen und die mit flüssiger Butter befettete Form damit auslegen, sodass ein Teigrand über die Form reicht. Die Hälfte der Füllung hineingeben, die gekochten Eier als Einlage auf die Füllung legen, mit der restlichen Spinatmasse auffüllen und die Oberfläche glatt streichen.

Den Teigdeckel, wie auf S. 23 beschrieben, ausrollen, die Füllung damit bedecken, verschließen, mit verquirltem Ei bestreichen und falls gewünscht die Oberfläche verzieren.

Im auf 180 °C vorgeheizten Backofen 60 Minuten backen. Auskühlen lassen und kalt servieren.

Blutwurstpastete
IN SAVARINFORM

WENN SIE BLUTWURST LIEBEN, WIRD DIESE PASTETE SIE BEGEISTERN! DURCH DIE VERSCHIEDENEN FRISCHEN KRÄUTER ERHÄLT DIESES DEFTIGE GERICHT EIN FEINES, AUSSERGEWÖHNLICHES AROMA. DIE KRANZFORM MACHT DIE PASTETE ZUSÄTZLICH ZU EINEM HINGUCKER.

ZUTATEN
für eine große Form (oder zwei kleinere; insg. ca. 2,8 Liter)

ca. 960 g Mürbteig (Rezept S. 29)
Butter für die Form

Farce

700 g rohe Schweinebrust
10 g Salz
1 Msp. weißer Pfeffer
1 Prise Zucker
1 cl Cognac
400 g gekochte Schweinebrust
350 g Blutwurst
100 weißer, luftgetrockneter Speck (z. B. Lardo)
20 g Petersilie
20 g Kerbel
8 g Estragon
2 Eiklar (Eiweiß)
5 g Senfkörner
40 ml Fleischfond (Rezept S. 33)
50 g Milch

Den Teig, wie auf S. 29 beschrieben, zubereiten und rasten lassen.

Für die Farce die rohe Schweinebrust in 3 cm große Würfel schneiden, in einer Schüssel mit Salz, Pfeffer, Zucker und Cognac vermischen. Zudecken und über Nacht in Kühlschrank ziehen lassen. Die gekochte Schweinebrust in 1,5 cm große Würfel schneiden. Die Blutwurst in 1 cm große Würfel und den luftgetrockneten Speck in 5 mm große Würfel schneiden. Die marinierte rohe Schweinebrust durch die 3-mm-Scheibe des Fleischwolfs faschieren.

Die Speckwürfel und die gekochte Schweinebrust mit der faschierten Schweinebrust mischen, die Eiklar und die fein gehackten frischen Kräuter hinzufügen. Senfkörner, Fleischfond und Milch dazugeben und zum Schluss die Blutwurstwürfel hinzufügen. Alles gut verrühren.

Den Teig 5 mm dick zu einem großen Kreis ausrollen, damit die mit Butter befettete Kranzform auslegen. Sämtlichen überhängenden Teig bis auf 2 cm über den Rand wegschneiden. Die Teigreste wieder verkneten, ebenfalls 5 mm dick ausrollen, daraus den Deckel ausschneiden. Die Füllung in die Form füllen, die überhängenden Teigränder auf die Farce klappen und den Teigdeckel darauflegen, leicht festdrücken.

Die Pastete im auf 180 °C Ober-/Unterhitze vorgeheizten Backofen ca. 40 Minuten backen, bis eine Kerntemperatur von 68 °C erreicht ist.

Die Pastete aus dem Ofen nehmen und stürzen; sie kann warm oder kalt serviert werden.

TOURTE „Lothringer Art“

Wie die Pasteten bestehen Tourtes aus „Hülle und Fülle“. Die französischen teigummantelten „Kuchen“ gibt es in pikanten und süßen Varianten. Sie werden in großen oder kleinen, runden oder eckigen Formen gebacken oder auch als „Teigpäckchen“ auf dem Backblech – jede Provinz hat ihre eigene Spezialität.

ZUTATEN

für eine Tourte (ca. 40 × 15 cm)

500 g Blätterteig (Rezept S. 30)
2 Eier

Füllung

300 g Schweinenacken
400 g Kalbsnuss
2 TL Salz
Pfeffer aus der Mühle
3 Schalotten
1 EL gehackter Salbei
2 EL gehackte Petersilie
20 ml Weißwein

Das Schweine- und Kalbfleisch in 1 cm große Würfel schneiden, in eine Schüssel geben, mit dem Salz und dem Pfeffer bestreuen und alles gut vermischen. Die Schalotten in kleine Würfel schneiden, mit Salbei, Petersilie und Weißwein zum Fleisch geben und alles gut vermischen. Zugedeckt 12 Stunden in Kühlschrank (bei 4 °C) marinieren lassen.

Teig, wie auf S. 30 beschrieben, zubereiten und rasten lassen.

Das marinierte Fleisch in ein Sieb geben und sehr gut abtropfen lassen. Backofen auf 180 °C Umluft vorheizen. Aus dem Blätterteig zwei Rechtecke (an den schmalen Seiten leicht abgerundet) für den Boden und den Deckel der Pastete ausrollen. Ein Backblech mit Backpapier auslegen und eine Teigplatte darauflegen. Die gesamte abgetropfte Füllung auf dem Teig verteilen und einen 2 cm breiten Rand frei lassen.

Die Eier in einer Schüssel verquirlen und den Teigrand rund um die Füllung dünn bestreichen. Den Teigdeckel darauflegen und um die Füllung herum mit den Handflächen leicht andrücken, um die Tourte in eine schöne Form zu bringen. Die beiden Teigplatten durch leichten Druck auf den Rand miteinander verbinden, danach die Teigkanten fest versiegeln (z. B. mit einer Gabel zusammendrücken). Die Tourte mit dem restlichen verquirlten Ei bestreichen und mit einem Muster verzieren. Im auf 180 °C vorgeheizten Backofen 40 Minuten backen.

Heiß servieren.

Rehpastete

WILDFLEISCH IST SEIT JEHER BELIEBT FÜR FEINE, AUSSERGEWÖHNLICHE PASTETEN. DAS GESUNDE, ZARTE UND MAGERE FLEISCH IST JA AUCH ETWAS BESONDERES! WENN SIE DIE MÖGLICHKEIT HABEN, WILDFLEISCH VON REGIONALEN JÄGERN ZU BEZIEHEN, NUTZEN SIE DIESE. SIE ERHALTEN EIN HEIMISCHES, NATURBELASSENES „BIO"-PRODUKT ZU EINEM VERGLEICHSWEISE SEHR GÜNSTIGEN PREIS!

ZUTATEN

für eine Form (ca. 2 Liter)

Teig

600 g französischer Pastetenteig (Rezept S. 28) • Butter für die Form • 1 Ei zum Bestreichen

Farce

140 g Rehfleisch
140 g magere Schweineschulter
160 g roher Speck
8 g Pastetengewürz (Rezept S. 34) • ca. 15 g Salz
5 zerdrückte Wacholderbeeren
abgeriebene Schale von einer Bio-Orange • 30 g geschälte Pistazien
50 g gekochter, gewürfelter Schinken • 50 g getrocknete, gehackte Cranberrys • 20 g fein gehackter Trüffelersatz

Einlage

2 ausgelöste Rehrücken (möglichst lang) • etwas Pastetengewürz und Salz zum Einreiben
2 EL Öl zum Anbraten • 1 EL Butter • 25 g fein gehackte Schalotten • 2 cl Cognac • 120 ml stark gelierender Rehfond

ca. 300 ml Madeiragelee (Rezept S. 34)

Den Pastetenteig, wie auf S. 28 beschrieben, zubereiten und rasten lassen.

Für die Farce das von allen Sehnen und Häuten befreite Reh- und Schweinefleisch sowie den Speck in grobe Stücke schneiden und mit den Gewürzen bestreuen. Das Fleisch zweimal durch die feinste Scheibe des Fleischwolfs drehen, den Speck nur einmal. Den Speck gut unter die Farce arbeiten und anschließend die Farce durch ein Sieb streichen. Wie bei jeder Farce zwischen den einzelnen Arbeitsgängen immer wieder gut kühlen.

Für die Einlage die Rehfilets mit Pastetengewürz und Salz einreiben und im heißen Öl ganz kurz anbraten, dann herausnehmen, das Öl abgießen und die Butter in der Pfanne schmelzen. Die Schalotten darin hell anschwitzen, mit Cognac ablöschen, mit dem gelierenden Rehfond aufgießen und zu einem dickflüssigen Jus einkochen. Durch ein Sieb über die Rehfilets passieren und erkalten lassen.

Die Pistazien, den Schinken, die Cranberrys und die Trüffeln unter die Farce mengen.

Den Teig ca. 5 mm dick ausrollen, die befettete Form, wie auf S. 37 beschrieben, mit dem Pastetenteig auslegen. Die Farce etwa 2–3 cm hoch einfüllen, an den Wänden etwas hochziehen, sodass in der Mitte eine Rinne entsteht. Die Rehfilets hintereinander einlegen und mit dem dickflüssigen Jus beträufeln. Die restliche Farce darüber verteilen und gut glatt streichen.

Den Teigdeckel darauflegen und die Teigränder verschließen, Oberfläche mit Teigresten verzieren. Öffnungen für den Dampfabzug ausschneiden, den Kamin einsetzen und die Teigoberfläche mit Ei bestreichen. Im auf 220 °C vorgeheizten Backofen 15 Minuten anbacken und bei 180 °C ca. 25 Minuten fertig backen, bis eine Kerntemperatur von 68 °C erreicht ist.

Die erkaltete Pastete mit Madeiragelee ausgießen.

Kartoffel-Fisch-Tourte
MIT KÄSE

TOURTES WERDEN IN DEN MEISTEN FÄLLEN MIT BLÄTTERTEIG ZUBEREITET. ICH VERWENDE JEDOCH GERNE PASTETENMÜRBTEIG ODER AUCH STRUDELTEIG. UND WENN ES SCHNELL GEHEN MUSS, KÖNNEN SIE NATÜRLICH GEKAUFTEN BLÄTTERTEIG VERWENDEN.

ZUTATEN
für eine ovale Tourte (ca. 35 × 20 cm)

500 g Blätterteig (oder anderer Teig, Rezepte siehe ab S. 28)
2 Eier zum Bestreichen

Füllung

300 g festkochende Kartoffeln
120 g geräucherte Makrele
1 Chilischote
200 g Gorgonzola
30 g Parmesan, gerieben
60 ml Obers
1 Ei
2 EL fein geschnittener Schnittlauch
½ TL Salz
Pfeffer aus der Mühle

Den Teig, wie auf S. 28 beschrieben, zubereiten und rasten lassen. Die Kartoffeln in kochendes gesalzenes Wasser geben und 15 Minuten kochen. Herausnehmen, schälen und in 1 cm dicke Scheiben schneiden.

Die Makrele enthäuten, von Gräten befreien und in Stücke zupfen. Chili fein schneiden und dazugeben. Käse in ca. 1 cm große Stücke schneiden, mit den restlichen Zutaten für die Füllung gut verrühren und mit Salz und Pfeffer würzen.

Für Boden und Deckel der Tourte den Teig halbieren und jeweils oval ausrollen.

Ein Backblech mit Backpapier auslegen und ein Teigoval auf das Blech legen. Kartoffel abwechselnd mit der Makrelenmischung auflegen, einen 2 cm breiten Rand frei lassen, diesen mit den verquirltem Ei dünn bestreichen. Den Teigdeckel darauflegen und um die Füllung herum mit den Handflächen leicht andrücken, um die Tourte in eine schöne Form zu bringen. Die beiden Teigplatten durch leichten Druck auf den Rand miteinander verbinden, danach die Teigkanten fest versiegeln (z. B. mit einer Gabel zusammendrücken) und die Tourte mit dem restlichen verquirlten Ei bestreichen.

Im auf 180 °C Umluft vorgeheizten Backofen ca. 30 Minuten backen. Heiß servieren.

Pastete mit Hühner- UND SCHWEINEFLEISCH

BESONDERS HÜBSCH SIEHT JEDE PASTETE IN EINER AUSSERGEWÖHNLICHEN FORM AUS. WENN SIE VORHABEN, REGELMÄSSIG PASTETEN ZUZUBEREITEN, LOHNT SICH DIE ANSCHAFFUNG EINER SPEZIELLEN PASTETENFORM WIE Z. B. DER HIER GEZEIGTEN!

ZUTATEN

für eine Form (oder zwei kleinere; insg. ca. 2,5 Liter)

ca. 900 g französischer Pastetenteig (Rezept S. 28)

Farce

600 g Hühnerbrust
Salz und Pfeffer
1 Prise Cayennepfeffer
1 EL Öl
2 Noriblätter
600 g Schweinefleisch
80 g Räucherspeck
100 g roher Schweinespeck
200 g Schweineleber
180 g Zwiebel
100 g Champignons
1 EL Butter
Salz und Pfeffer
ca. 10 g Pastetengewürz (Rezept S. 34)

300 ml Geflügelfond (Rezept S. 33)
8 Blatt Gelatine

1 Eidotter und etwas Obers zum Bestreichen

Den Teig, wie auf S. 28 beschrieben, zubereiten und rasten lassen.

300 g von der Hühnerbrust in 3 cm breite Streifen für die Einlage schneiden. Mit Salz, Pfeffer und Cayennpfeffer würzen und von allen Seiten im erhitzten Öl kurz anbraten, dann auskühlen lassen. Die Noriblätter mit etwas Wasser befeuchten und die Fleischstreifen darin eng einrollen.

Für die Farce das restliche Hühner- und Schweinefleisch faschieren oder fein hacken. Räucherspeck und Schweinespeck in kleine Würfel schneiden. Leber putzen, in kleine Würfel schneiden und mit der gehackten Zwiebel und den klein geschnittenen Champignons in Butter anschwitzen, abkühlen lassen. Mit dem faschierten Fleisch verrühren, mit Salz, Pfeffer und Pastetengewürz würzen. Alles gut vermischen.

Zwei Drittel des Teiges ca. 3 mm dick ausrollen und die befettete Form, wie auf S. 37 beschrieben, damit auslegen, die Hälfte der Farce einfüllen, festdrücken, um Lufteinschlüsse zu vermeiden.

Die in Noriblätter gewickelten Hühnerbruststreifen mittig einlegen und mit der restlichen Farce bedecken.

Den restlichen Teig ausrollen, mit dem Teigdeckel, wie auf S. 23 beschrieben, die Pastete verschließen und nach Belieben dekorieren.

Im auf 220 °C Umluft vorgeheizten Backofen 10 Minuten anbacken, Hitze auf 160 °C reduzieren und etwa 40 Minuten fertig backen, bis eine Kerntemperatur von 68 °C erreicht ist. Über Nacht abkühlen lassen.

Den Geflügelfond erwärmen, Gelatine in kaltem Wasser einweichen, ausdrücken und im erwärmten Fond auflösen. Die Pastete durch die Kamine damit ausgießen und fest werden lassen.

Fotos © Aleksandr Leljak

Lachspastete mit
SPINAT UND POLENTA

Ich liebe diese cremige Spinat-Farce, die durch die Zugabe von Polenta die nötige Schnittfestigkeit erhält. Und die Kombination mit dem zarten Lachsfilet ist geschmacklich einfach ein perfekter Match!

ZUTATEN
für eine Form (ca. 1,5 Liter)

ca. 600 g Mürbteig
(Rezept S. 29)
2 Eier zum Bestreichen

Farce

80 g Polenta (Maisgrieß)
2 hart gekochte Eier
2 EL Butter
200 g Spinatblätter
1 TL Salz
Pfeffer aus der Mühle
1 Prise Muskatnuss
2 EL gehackte Petersilie
440 g Lachsfilet
1 EL gehackter Dill

Den Teig, wie auf S. 29 beschrieben, zubereiten und rasten lassen.

Für die Farce die Polenta in einem Topf mit 160 ml Wasser zum Kochen bringen, zudecken und auf die Seite stellen, 10 Minuten ziehen lassen. Die gekochten Eier schälen und grob hacken.

In einer Pfanne 1 EL Butter bei mittlerer Hitze schmelzen lassen und den gründlich gewaschenen Spinat darin 2 Minuten dünsten lassen. Mit Salz, Pfeffer und Muskatnuss würzen. Petersilie und gehackte Eier zugeben.

Die Polenta mit einer Gabel auflockern und zum Spinat zugeben. Alles gut verrühren.

Das Lachsfilet von der Haut befreien und mit Salz, Pfeffer und Dill bestreuen.

Zwei Drittel des Teiges 5 mm dick ausrollen, die mit der restlichen Butter befettete Form, wie auf S. 37 beschrieben, damit auslegen. Die Hälfte der Spinat-Polenta einfüllen, das Lachsfilet einlegen, dann die restliche Spinat-Polenta-Masse darauf verteilen und glatt streichen.

Den restlichen Teig ausrollen, den Deckel zuschneiden und die Pastete damit zudecken, die Teigränder gut verschließen und mit verquirltem Ei bestreichen.

Die Form in den kalten Backofen stellen. Die Temperatur auf 180 °C Ober-/Unterhitze einstellen und die Pastete 50 Minuten backen, bis sie eine Kerntemperatur von 68 °C erreicht hat.

Die Pastete vollständig auskühlen lassen, am besten im Kühlschrank über Nacht.

Sonntags-Tourte

URSPRÜNGLICH WAREN DIE MIT EDLEN, AUSSERGEWÖHNLICHEN ZUTATEN GEFÜLLTEN TOURTES IN ADELIGEN UND GUTBÜRGERLICHEN KREISEN BELIEBTE VORSPEISEN. HEUTE ZÄHLEN SIE EHER ZUR BODENSTÄNDIGEN KÜCHE, WIE MEIN LIEBLINGSREZEPT UNTER DEN TOURTES BEWEIST: EINFACH UND DENNOCH SONNTAGSTAUGLICH!

ZUTATEN

für eine Tourte (ca. 23 cm Ø)

500 g Blätterteig (oder beliebigen anderen Teig, Rezepte siehe ab S. 28)
2 Eier zum Bestreichen

Füllung

400 g Schweinebauch
650 g Hühnerbrustfilet
2 TL Salz
Pfeffer aus der Mühle
1 Ei
50 ml Obers (Sahne)
1 grüne Paprikaschote
1 gelbe Paprikaschote
2 EL Olivenöl
2 Knoblauchzehen

Den Teig, wie auf S. 30 beschrieben, zubereiten und rasten lassen.

Den Schweinebauch in 1 cm große Würfel, die Hühnerbrustfilets in etwa 1,5 cm große Würfel schneiden und beides in eine Schüssel geben, mit Salz und Pfeffer würzen und gut vermischen. 1 Ei und das Obers dazugeben und alles gut verrühren.

Die Paprikaschoten in 5 mm große Würfel schneiden und in erhitztem Olivenöl anrösten. Knoblauch pressen und dazugeben, kurz mitrösten, dann auskühlen lassen und zum Fleisch dazugeben.

Aus dem Teig für Boden und Deckel der Pastete zwei Kreise ausrollen (ca. 5 mm dick und 23 cm Ø). Ein Backblech mit Backpapier auslegen und einen Teigkreis auf das Blech geben. Die gesamte Füllung gleichmäßig darauf verteilen, einen mindestens 2 cm breiten Rand frei lassen.

Den Teigrand um die Füllung herum mit verquirltem Ei dünn bestreichen. Den zweiten Teigkreis darauflegen und um die Füllung herum leicht andrücken. Die Teigkanten fest verschließen (entweder mit einer Gabel oder krendeln, siehe S. 80, Bild 3). Die Oberfläche der Tourte mit dem restlichen verquirlten Ei bestreichen.

Im auf 180 °C Umluft vorgeheizten Backofen die Tourte ca. 30 Minuten backen, bis eine Kerntemperatur von 68 °C erreicht ist. Herausnehmen und warm servieren.

SAISONALE Gemüsepastete

BEI DIESEM GERICHT HANDELT ES SICH UM EINE MISCHUNG AUS PASTETE UND PIE: ES IST WIE EINE PASTETE GÄNZLICH VON TEIG UMMANTELT, HAT ABER EIN INNENLEBEN WIE EIN PIE, ALSO KEINE IM ANSCHNITT FESTE FARCE.

ZUTATEN
für eine Springform (ca. 24 cm Ø; ca. 2,3 Liter)

ca. 540 g Pastetenmürbteig (Rezept S. 28)
1 Ei zum Bestreichen

Füllung

380 g Erdäpfel
300 g Kürbis
220 g Karotten
200 g Brokkoli
3 Schalotten
2 Knoblauchzehen
300 g gekochte Rote Rüben (Rote Bete)
150 g Erbsen
2 Zweige Rosmarin
3 EL Olivenöl
Salz und Pfeffer
½ TL Kümmel
1 Zitrone
200 g Asmonte

Den Teig zubereiten und rasten lassen (wie auf S. 28 beschrieben).

Die Erdäpfel, den Kürbis und die Karotten schälen und jeweils in 5 mm dicke Scheiben schneiden. Den Brokkoli waschen und in kleinere Röschen teilen. Die Schalotten schälen und vierteln, den Knoblauch schälen und in dünne Scheiben schneiden. Die Roten Rüben in 1 cm große Würfel schneiden.

Das ganze Gemüse mit dem Rosmarin auf ein mit Olivenöl befettetes Backbleck geben und mit Salz, Pfeffer und Kümmel würzen.

Im auf 200 °C Ober-/Unterhitze vorgeheizten Backofen 30 Minuten backen. Etwas abkühlen lassen, mit Zitronensaft beträufeln.

Den Asmonte fein reiben und unter das Gemüse mischen.

Den Teig, wie auf S. 21 beschrieben, ausrollen, Boden und Deckel zuschneiden und die mit Backpapier ausgelegte Springform mit dem Teigboden auslegen.

Die Gemüsemischung einfüllen, den Teigdeckel darauflegen, Teigränder verschließen und nach Belieben verzieren. Mit Ei bestreichen und im auf 200 °C Ober-/Unterhitze vorgeheizten Backofen auf mittlerer Schiene 40 Minuten backen.

Tourte mit Huhn
UND HONIG

DIE FÜLLUNG FÜR DIESE TOURTE ERHÄLT DURCH DIE ZUGABE VON GERIEBENEM KÄSE ODER VON EI, VERMISCHT MIT CRÈME FRAÎCHE, EINE BINDUNG. AUSSERDEM KÖNNEN SIE ANSTATT BLÄTTERTEIG EINEN BELIEBIGEN ANDEREN TEIG VERWENDEN.

ZUTATEN
für eine Tourte
(ca. 35 × 25 cm)

600 g Blätterteig
(Rezept S. 30)
2 Eier zum Bestreichen

Füllung

650 g Hühnerfilets
1 TL Salz
Pfeffer aus der Mühle
1 TL Cayennepfeffer
2 EL Olivenöl
2 Zucchini
1 grüne Paprika
1 Melanzani (Aubergine)
1 Chilischote
1 EL Honig
2 EL gehackte Petersilie

Teig, wie auf S. 30 beschrieben, zubereiten und rasten lassen.

Die Hühnerfilets in breite Streifen schneiden und mit Salz, Pfeffer und Cayennepfeffer würzen. 1 EL Olivenöl in einer Pfanne erhitzen und das Fleisch von allen Seiten scharf anbraten. Aus der Pfanne herausnehmen und auf die Seite stellen.

Zucchini, Paprika, Melanzani und Chilischote in 1 cm große Würfel schneiden. Das Gemüse im restlichen Olivenöl in derselben Pfanne wie das Fleisch anrösten. Mit Salz und Pfeffer würzen. Zum Schluss Honig und Petersilie zugeben.

Aus dem Teig zwei Rechtecke (ca. 4 mm dick) für den Boden und den Deckel der Tourte ausrollen.

Ein Backblech mit Backpapier auslegen und eine Teigplatte auf das Blech legen. Die Gemüsewürfel und die Hühnerfiletstreifen gleichmäßig darauf verteilen, dabei auf allen Seiten einen mindestens 2 cm breiten Rand frei lassen. Den Teigrand dünn mit verquirltem Ei bestreichen. Die zweite Teigplatte darauflegen und um die Füllung herum mit den Handflächen leicht andrücken, um die Tourte in eine schöne Form zu bringen. Die beiden Teigplatten durch leichten Druck auf den Rand miteinander verbinden, danach die Teigkanten fest versiegeln (z. B. mit einer Gabel zusammendrücken) und die Tourte mit dem restlichen verquirlten Ei bestreichen. Mit einem Messer die Oberfläche nach Belieben verzieren.

Im auf 180 °C Umluft vorgeheizten Backofen 30 Minuten backen. Herausnehmen und heiß servieren.

KLEINE *Gemüsepastetchen* IM STRUDELTEIG

ICH BEREITE PASTETEN AUCH GERNE IN SCHÖNEN, KLEINEN KERAMIKFÖRMCHEN ZU. DAS IST PRAKTISCH, DENN DANN KANN ICH SIE GLEICH PORTIONSWEISE DARIN SERVIEREN.

ZUTATEN
für 8 Muffinförmchen (je ca. 7 cm Ø)

125 g Strudelteig (Rezept S. 30)
Butter zum Bestreichen

Füllung

1 gelber Zucchini
1 grüner Paprika
1 Zwiebel
1 Knoblauchzehe
2 EL Olivenöl
150 g Erbsen
Salz
frisch gemahlener Pfeffer
125 g Mozzarella
50 g Feta
2 TL Salbei
½ TL Räucherpaprikapulver
2 Eier
150 ml Obers (Sahne)

Den Teig zubereiten und rasten lassen (wie auf S. 30 beschrieben).

Zucchini und Paprika putzen und in 1 cm große Würfel schneiden. Zwiebel und Knoblauch schälen und fein hacken. Olivenöl in einer Pfanne erhitzen und Zucchini, Paprika, Zwiebel, Knoblauch und Erbsen ca. 6 Minuten anrösten. Mit Salz und Pfeffer würzen.

Grob geriebenen Mozzarella, zerbröselten Feta, fein gehackten Salbei und Paprikapulver mit dem ausgekühlten Gemüse vermischen.

Muffinform mit flüssiger Butter befetten. Strudelteig hauchdünn ausziehen, in 15 × 15 cm große Blätter zuschneiden und mit flüssiger Butter bestreichen. In jede Vertiefung des Muffinblechs zwei Blätter legen. Mit Gemüse bis zum Rand befüllen. Eier mit Obers verrühren und mit Salz und Pfeffer würzen, das Gemüse mit dieser Mischung begießen.

Teigränder über die Fülle zur Mitte hin einschlagen und die Oberfläche mit flüssiger Butter bestreichen. In vorgeheizten Backofen bei 190 °C Ober-/Unterhitze 25 Minuten goldbraun backen.

Pastete mit
HÜHNERFARCEKERN UND MELANZANI

Wie viele andere klassische Pasteten besteht auch hier die Fülle aus einer Mischung aus Hühner- und Schweinefleisch, in diesem Fall verfeinert durch Gemüse. Der zusätzliche Kern aus feiner Hühnerfarce als Einlage macht zwar etwas mehr Arbeit, die sich aber für das Geschmackserlebnis, das Sie erwartet, absolut lohnt!

ZUTATEN
für zwei Formen
(insg. ca. 3 Liter)

700 g französischer Pastetenteig (Rezept S. 28)
2 Eier zum Bestreichen

Hühnerfarcekern

300 g Hühnerbrustfilet
40 g Schalotten • 50 g Karotten • 2 Knoblauchzehen
Butter zum Anbraten (und für die Form) • 1 TL Thymian
½ TL Korianderpulver
Salz und Pfeffer • 125 ml Weißwein • 125 ml Hühnersuppe • 1 Eiklar (Eiweiß)

Farce

160 g Karotten
200 g Melanzani
100 g Erbsen • 2 EL Olivenöl
1 TL Salz • Pfeffer aus der Mühle • 1 Prise Zucker
600 g Hühnerbrustfilets
400 g Schweinebauch
2 EL Korianderblätter
1 TL Paprikapulver

Für den Hühnerfarcekern das Hühnerbrustfilet von der Haut befreien und in ca. 2 × 2 cm große Stücke schneiden. Schalotten, Karotten und Knoblauch schälen, in kleine Würfel schneiden und in der erhitzten Butter mit den Gewürzen anbraten.

Mit Weißwein und Hühnersuppe ablöschen und ein paar Minuten dünsten, dann auskühlen lassen und mit den Hühnerbruststücken in einer Schüssel vermischen. Zugedeckt mindestens 12 Stunden im Kühlschrank marinieren lassen.

Die marinierten Hühnerbruststücke abseihen, das Fleisch und das Gemüse fein pürieren (oder faschieren). Das Eiklar unterrühren, die Farce zu einer Rolle formen (etwas kürzer als die Form) und dicht in Frischhaltefolie einwickeln. Im Wasserbad im Backofen bei 80 °C 20 Minuten garen. Vollständig auskühlen lassen.

Teig, wie auf S. 28 beschrieben, zubereiten und rasten lassen.

Für die Farce die Karotten und die Melanzani in 5 mm große Würfel schneiden, mit den Erbsen im Olivenöl bei mittlerer Hitze weich dünsten. Mit je einer Prise Salz, Zucker und Pfeffer würzen, vollständig auskühlen lassen.

Pastete mit Hühnerfarcekern und Melanzani

Hühnerbrustfilets und Schweinebauch faschieren oder fein hacken. Mit fein gehacktem Koriander, Paprikapulver, Salz und Pfeffer würzen. Das gedünstete Gemüse vorsichtig unterheben.

Mit zwei Drittel des 3–4 mm dick ausgerollten Teiges die Form auslegen (siehe S. 37).

Die Hälfte der Farce dicht in die Form füllen. Hühnerfarcekern aus der Frischhaltefolie auspacken und mittig auf die Farce legen. Die restliche Farce darauf verteilen, gut glatt streichen.

Den Teigrand mit verquirltem Ei bestreichen, den Teigdeckel darauflegen und die Teigränder, wie auf S. 23 beschrieben, verschließen.

In die Teigoberfläche, wie auf S. 24 beschrieben, drei Kamine einsetzen.

Die Pastete mit dem restlichen verquirlten Ei bepinseln und mit den Teigresten dekorativ verzieren. Im auf 180 °C Umluft vorgeheizten Ofen 45 Minuten backen, bis eine Kerntemperatur von 68 °C erreicht ist.

Die Pastete vollständig auskühlen lassen. Danach mit ca. 150 ml Gelee aus Hühnerfond (Rezept S. 33) ausgießen und zum Festwerden kalt stellen.

Lachspastete
IM BRIOCHETEIG

1
2
3
4
5
6
7
8
9
10
11
12

Lachspastete im Briocheteig

Wenn Sie den herrlichen Geschmack von Lachs mögen, wird diese Pastete sicher zu einem Ihrer Lieblinge werden. Noch dazu sieht sie durch ihre gitterförmige Oberfläche besonders hübsch aus. Wenn Sie keinen Gitterschneider haben, können Sie die Teigoberfläche wie üblich mit beliebigen ausgestochenen oder ausgeschnittenen Motiven verzieren.

ZUTATEN

für eine Pastete
(ca. 45 × 15 cm)

ca. 1 kg Briocheteig
(Rezept S. 29)
2 Eidotter (Eigelb)
zum Bestreichen

Farce

400 g Lachsfilet
1 TL Salz
Pfeffer aus der Mühle
1 Prise Zucker
1 Prise gemahlener Anis
1 Prise gemahlener
Koriander
180 ml Obers (Sahne)
2 cl Noilly Prat
1 Eiklar (Eiweiß)
1 EL fein gehackter Estragon

150 g Heilbuttfilet
80 g Schweinenetz

Den Teig, wie auf S. 29 beschrieben, zubereiten und gehen lassen.

Für die Farce Lachsfilet in 2 cm große Würfel schneiden, mit Salz, Pfeffer und Zucker würzen. Anis und Koriander dazugeben und gut verrühren. Zugedeckt im Kühlschrank für zwei Stunden marinieren lassen. Mit Obers, Noilly Prat, Eiklar und gehacktem Estragon grob pürieren.

Heilbuttfilet in 1 cm breite, möglichst lange Streifen schneiden.

Schweinenetz in kaltes Wasser geben, vorsichtig auseinanderziehen und auf einem Brett ausbreiten. Lachsfarce mittig darauf verteilen, Heilbuttstreifen auflegen (Bild 1) und alles dicht einrollen (Bilder 2 und 3, die Rolle sollte ca. 35 cm lang sein). In Frischhaltefolie gut einwickeln und im Backofen im Wasserbad bei 120 °C etwa 20 Minuten garen, bis eine Kerntemperatur von 60 °C erreicht ist. Danach herausnehmen und vollständig auskühlen lassen.

Zwei Drittel vom Briocheteig 40 × 25 cm groß ausrollen. Die Frischhaltefolie von der ausgekühlten Farce entfernen, die Farce in die Mitte des Teiges legen (Bild 4) und den Teig von beiden Seiten über die Farce klappen (Bilder 5 und 6), die Teigränder gut verschließen (Bild 7).

Mit dem Schluss nach unten legen und die Teigoberfläche mit verquirltem Eidotter bestreichen (Bild 8).

Den restlichen Teig ca. 35 × 15 cm groß ausrollen und mit einem Gitterschneider darüberrollen (Bild 9). Vorsichtig auseinanderziehen (Bild 10) und das Gitter über die Pastete legen (Bild 11). Die überstehenden Teigränder abschneiden (Bild 12). Mit Eidotter bestreichen und auf ein mit Backpapier ausgelegtes Blech legen.

Im auf 200 °C Ober-/Unterhitze vorgeheizten Backofen 45 Minuten backen. Eventuell zum Schluss zudecken, damit die Oberfläche nicht zu dunkel wird. Warm oder kalt servieren.

Spargelpastete

NUTZEN SIE DIE SPARGELZEIT UND SERVIEREN DIESE SAISONALE SPEZIALITÄT ZUM MUTTERTAG ODER ANDEREN ANLÄSSEN ALS KÖSTLICHE VORSPEISE, DIE NOCH DAZU HÜBSCH AUSSIEHT!

ZUTATEN

für eine Form (ca. 1 Liter)

500 g Tarteteig
(Rezept S. 29)

Füllung

300 g weißer Spargel
200 g grüner Spargel
1 TL Salz
1 TL Zucker
20 g Butter
120 g Kochschinken
(dünne Scheiben)
100 g Schnittkäse,
z. B. Emmentaler
1 Ei
50 ml Obers (Sahne)
1 Prise Cayennepfeffer

Den Teig, wie auf S. 29 beschrieben, zubereiten und rasten lassen.

Für die Farce Spargel schälen, Enden abschneiden. Die Spargelstangen in reichlich kochendem Wasser mit Salz, Zucker und Butter 3 Minuten kochen, dann herausheben, mit kaltem Wasser abspülen und vollständig auskühlen lassen. Die weißen Spargelstangen in je ein Blatt Kochschinken eng einrollen.

Käse fein reiben, Ei mit Obers gut verrühren und mit Salz und Cayennepfeffer würzen.

Teig 4 mm dick ausrollen und die befettete Form damit auslegen (es soll mehr Teig als üblich über die Ränder hängen, weil die Pastete anschließend damit zugedeckt wird).

Die mit Schinken eingerollten weißen Spargelstangen abwechselnd mit grünem Spargel in der Mitte verteilen. Mit geriebenem Käse bestreuen und die Ei-Obers-Mischung darübergießen.

Den überhängenden Teig über die Fülle klappen und Teigränder gut zusammendrücken. Im auf 200 °C Umluft vorgeheizten Backofen 25 Minuten backen.

Heiß mit Sauce Hollandaise servieren.

1
2
3

„Wilde Pies"

DIESE „PIES" SIND MIT HIRSCHRAGOUT GEFÜLLT. DEN DECKEL UND DEN TEIGBODEN KANN MAN ESSEN. ICH NEHME ALS FÖRMCHEN GERNE KLEINE COCOTTES. SIE KÖNNEN ABER AUCH EINE GROSSE RUNDE ODER ECKIGE BACKFORM VERWENDEN, DANN BRAUCHEN SIE ALLERDINGS WENIGER TEIG IM VERHÄLTNIS ZUR FÜLLE.

ZUTATEN

für 6 kleine Förmchen (ca. 10 cm Ø) oder 1 große Form (ca. 1,3 Liter)

ca. 800 g Pastetenmürbteig (Rezept S. 28)

Ragout

400 g Ragoutfleisch vom Hirsch
Salz
frisch gemahlener Pfeffer
ca. 5 g Wildgewürz
100 g Zwiebeln
100 g Karotten
70 g Sellerie
Öl zum Anbraten
½ EL Tomatenmark
125 ml kräftiger Rotwein (z. B. Blauer Zweigelt) oder Portwein
70 ml Wildfond (oder Rinderfond)
2 Wacholderbeeren
½ EL Maisstärke

Das Hirschfleisch in 2 × 2 cm große Würfel schneiden, mit Salz, Pfeffer und Wildgewürz würzen.

Die Zwiebeln, die Karotten und den Sellerie schälen und in feine Würfel schneiden oder mit dem V-Hobel 2 mm dick hobeln.

Das Fleisch in einer Kasserolle in wenig erhitztem Öl rundum scharf anbraten, dann herausnehmen und zur Seite stellen.

Im Bratensatz Zwiebeln, Karotten und Sellerie hellbraun rösten, dann Tomatenmark dazugeben, 1–2 Minuten leicht weiterrösten und mit der Hälfte vom Rot- oder Portwein ablöschen, einköcheln lassen, immer wieder umrühren, damit sich der Bratensatz schön lösen kann, nach und nach mit dem restlichen Wein aufgießen.

Das Fleisch wieder zurück in die Kasserolle geben, mit Wildfond aufgießen und zugedeckt bei schwacher Hitze ca. 2 Stunden schmoren lassen (oder im vorgeheizten Backofen bei 120 °C).

Wenn die Sauce zu dünnflüssig ist, mit in etwas kaltem Wasser klumpenfrei verrührter Maisstärke binden, das fertige Ragout kalt stellen.

Den Pastetenmürbteig, wie auf S. 28 beschrieben, zubereiten, rasten lassen und ausrollen. Dann für jedes Förmchen eine Teigscheibe (Ø + 2 × Höhe des Förmchens + 2 cm) und einen Teigdeckel ausschneiden (Ø des Förmchens + 2 cm), für den Kamin mittig ein kleines Loch ausstechen.

Mit den größeren Teigscheiben die Förmchen auslegen (Teig soll ca. 1 cm über den Rand reichen). Mit dem Ragout bis ca. 1 cm unter den Rand auffüllen (auf keinen Fall ganz voll; Bild 1).

Dann den überstehenden Rand mit Ei bestreichen, Teigdeckel darauflegen (Bild 2), den Rand rundum mit zwei Fingern zusammendrücken und über den Zeigefinger der anderen Hand klappen (krendeln; Bild 3).

Jeweils einen Kamin in die ausgestochenen Löcher hineinstecken und die Pies im auf 180 °C vorgeheizten Backofen ca. 20 Minuten backen, heiß servieren.

„Fingerfood-Pastete"
MIT FASCHIERTEM

DIESE EINFACHE „PASTETE", DIE EIN BISSCHEN SO AUSSIEHT WIE EINE SONNE MIT STRAHLEN, IST UNTER VIELEN VERSCHIEDENEN NAMEN BEKANNT. FÜR MICH IST SIE EINE PERFEKTE PASTETE FÜR EINE PARTY, WEIL JEDER EINFACH EINEN „SONNENSTRAHL" ABBRECHEN UND ALS FINGERFOOD GENIESSEN KANN.

ZUTATEN
für eine Pastete
(ca. 30 cm Ø)

Teig
600 g Tarteteig
(Rezept S. 29)

Füllung
500 g gemischtes Faschiertes
2 fein gehackte Schalotten
Öl zum Anschwitzen
100 g getrocknete Tomaten
200 g blanchierter Spinat
200 g geriebener Käse
Salz und Pfeffer
1 EL italienische Kräutermischung (z. B. Basilikum, Oregano, Petersilie, Rosmarin)
ca. 2 EL Semmelbrösel

1 Ei zum Bestreichen

Den Teig, wie auf S. 29 beschrieben, zubereiten und rasten lassen.

Das Faschierte in eine Schüssel geben, die Schalotten in etwas erhitztem Öl hell anschwitzen.

Die getrockneten Tomaten in ca. 3 × 3 mm große Stücke hacken. Den blanchierten, gut abgetropften Spinat ebenfalls fein hacken.

Alle Zutaten mit dem Faschierten gut verkneten, bis die Masse gut bindet.

Den Teig halbieren, beide Teigstücke auf einer leicht bemehlten Arbeitsfläche ca. 4 mm dick zu Kreisen (ca. 30 cm Ø) ausrollen.

Die erste Teigscheibe auf ein mit Backpapier ausgelegtes Backblech geben.

Die Hälfte der Fleischmasse mit einem Abstand von einigen Zentimetern zum Teigrand ringförmig auf der Teigscheibe verteilen. Die zweite Hälfte der Fülle wieder mit einem Abstand von einigen Zentimetern zum Ring in der Mitte platzieren (Bild 1).

Die zweite Teigscheibe auf den Teig mit der Fleisch- bzw. Spinatmasse legen.

1

2

3

VARIANTENREICH

Ganz nach Belieben können Sie einen Teil des Faschierten durch angebratenes Gemüse, Ei, Schafskäse usw. ersetzen oder Sie verwenden Thunfisch statt dem Fleisch. Sie können auch nur Faschiertes und Käse ohne Spinat und Tomaten als Füllung verwenden. Wichtig ist nur, dass die Füllung schön „trocken" ist.

„FINGERFOOD-PASTETE“ MIT FASCHIERTEM

Den Teig mit den Handrücken zwischen der Fülle in der Mitte andrücken (Bild 2, vorige Seite).

Danach den Teig ebenfalls mit den Handrücken am Rand der äußeren Fülle andrücken (Bild 3, vorige Seite).

Die Pastete mit verquirltem Ei bestreichen. Mit einer Gabel den Teigrand fest zusammendrücken (Bild 4).

Die Pastete im Abstand von ca. 4 cm strahlenförmig von der inneren Fülle zum äußeren Rand hin einschneiden (Bild 5).

Die eingeschnittenen „Strahlen“ leicht anheben und gegen den Uhrzeigersinn 90° drehen, sodass eine Schnittfläche nach oben zeigt (Bild 6).

Die Pastete im auf 200 °C Umluft vorgeheizten Backofen ca. 30 Minuten auf mittlerer Schiene goldbraun backen.

TIPP Diese Pastete ist ganz einfach und schnell zubereitet – besonders, wenn Sie statt des selbst gemachten Teiges einen fertigen runden Quiche- oder Tarteteig kaufen. Diese werden in jedem Supermarkt angeboten.

4

5

6

Rezepte FÜR TERRINEN

Schritt für Schritt ZUR TERRINE

DIE KLASSISCHEN, OFT DEFTIGEN TERRINEN WERDEN HEUTE AUCH IN „LEICHTEREN“ VERSIONEN ANGEBOTEN. AUCH VEGETARISCHE UND VEGANE TERRINEN SIND MITTLERWEILE SEHR BELIEBT. ALS „AUSSENDRUM“ KÖNNEN SIE STATT DES SPECKS FEINE GEMÜSESTREIFEN ZUM AUSLEGEN DER FORMEN VERWENDEN. ODER BEVORZUGEN SIE EINE LEICHTE FISCH- ODER GEMÜSEFARCE, DIE AN EINE MOUSSE ERINNERT? DIESE KÖNNEN SIE IN GLÄSERN ODER IN MIT FRISCHHALTEFOLIE AUSGELEGTEN FORMEN GAREN. IN DIESEM KAPITEL FINDET SICH FÜR JEDEN GESCHMACK ETWAS!

❶ Die Form mit Hamburger Speckscheiben auslegen, sodass sie seitlich über den Rand der Form hängen. Dabei die Scheiben so übereinanderlegen, dass der magere Teil vom fetteren Teil des Specks überdeckt wird (die andere Seite ist dann außen, also ist der magere Teil des Specks sichtbar).

❷ Die Farce in die mit Speck ausgelegte Form füllen.

❸ Mit der Hand gut festdrücken, sodass keine Lufteinschlüsse in der Masse verbleiben.

❹ Die über den Rand hängenden Speckscheiben abwechselnd von rechts …

❺ … und links über die Farce klappen, sodass diese ganz damit bedeckt ist.

❻ Die mit Speck eingeschlagene Terrine kann nun zum Garen (je nach verwendeter Form) mit einem Deckel oder mit Folie abgedeckt werden.

TIPP Alternativ sind als „Ummantelung“ für Terrinen auch sogenannte „Pastetenspeckplatten“ zum Auslegen der Form sehr praktisch (erhältlich bei Ihrem Fleischer, allerdings unbedingt vorbestellen!).

1

2

3

4

5

6

TIPP Am besten passt dazu ein herzhaftes Schwarzbrot mit einer reschen Kruste.

„Schwein gehabt“

ICH LIEBE SCHWEINSBRATEN – DAS WAR FÜR MICH AUCH DIE INSPIRATION FÜR DIESES REZEPT. DAS ERGEBNIS: EIN GESCHMACKLICHER VOLLTREFFER! WENN MAN DAS RICHTIGE FLEISCH VERWENDET, KANN EIGENTLICH NICHTS SCHIEFGEHEN: SCHOPF (SCHWEINENACKEN) HAT DAS IDEALE VERHÄLTNIS ZWISCHEN FETT UND FLEISCH, BAUCHFLEISCH ERGIBT DIE SCHÖNEN WEISSEN EINSPRENKELUNGEN UND FASCHIERTES (HACKFLEISCH) LOCKERT DIE FARCE UND VERHILFT ZU EINER GUTEN BINDUNG.

ZUTATEN
für eine Form
(ca. 1,5 Liter)

1 kg Schopf
250 g Bauchfleisch
250 g faschiertes Schweinefleisch (Hackfleisch)
1 Ei
50 ml Obers (Sahne)
ca. 42 g Gewürzmischung (Rezept S. 32)

300 g Bauchspeck für die Form
eventuell ca. 300 ml Rieslinggelee (Rezept S. 34)

Den Schopf in kleine Würfel schneiden (ca. 10–12 mm groß). Das Bauchfleisch feinwürfelig schneiden (ca. 5 mm groß).

Schopf, Bauchfleisch und Faschiertes mit dem Ei, dem Obers und der Gewürzmischung kräftig durchmischen, bis die Farce schön klebrig ist.

Die Farce dicht in die mit Speck ausgelegte Form einfüllen (möglichst wenig Lufteinschlüsse in die Form bringen!).

Wie beschrieben den Speck über die Farce klappen und die Terrine im auf 95 °C vorgeheizten Backofen so lange backen, bis eine Kerntemperatur von 75 °C erreicht ist (das dauert ca. pro kg Farce eine Stunde.)

Über Nacht auskühlen lassen. Beim Auskühlen die Oberfläche der Terrine beschweren, damit die Speckstreifen nicht „aufstehen“.

Aus der Form stürzen, den Bratensatz abwischen und die Terrine in die gewaschene Form zurücklegen.

Weil die Terrine während des Backvorgangs an Volumen verliert, kann der vorhandene Spalt falls gewünscht mit Rieslinggelee ausgegossen werden (siehe S. 26). Danach die Terrine kalt stellen und das Gelee fest werden lassen.

TIPP Das Ei kann auch weggelassen werden, in diesem Fall die Farce länger kneten, damit sie gut bindet

Räucherforellen-TERRINE

FÜR DIESE TERRINE WIRD NICHT WIE ÜBLICH EINE FARCE BEREITET, DIE FORELLENFILETS WERDEN ABWECHSELND MIT DEN FEINEN RETTICH-SCHEIBEN EINGESCHICHTET UND MIT EINER KÄSE-EI-OBERS-MISCHUNG „GEBUNDEN".

ZUTATEN

für eine Form
(ca. 1,2 Liter)

500 g Räucherforellenfilets
1 Zwiebel
1 EL Olivenöl
80 g Gorgonzola
2 Stk. schwarzer Rettich
350 ml Obers (Sahne)
6 Eier
1 TL frisch gerissener Kren (Meerrettich)
Salz
frisch gemahlener Pfeffer

Haut und Gräten von den geräucherten Forellenfilets entfernen.

Die Zwiebel schälen, fein würfeln und im erhitzten Öl anrösten, danach auskühlen lassen. Gorgonzola in kleine Stücke zupfen. Mit einem Sparschäler oder einer Aufschnittmaschine Rettich in hauchdünne Scheiben schneiden.

Obers und Eier verquirlen, mit dem Gorgonzola, dem Kren und den ausgekühlten Zwiebeln gut vermischen und mild würzen.

Eine Form mit Frischhaltefolie auslegen, über die Ränder hängen lassen.

Die Rettichscheiben und die Forellenfilets abwechselnd einschichten, dazwischen gleichmäßig die Eier-Obers-Mischung verteilen.

Die seitlich überhängende Folie über der eingefüllten Masse verschließen und die Terrine im auf 180 °C vorgeheizten Backofen im Wasserbad 40 Minuten garen.

Lauwarm oder kalt servieren.

TIPP Den Rückenspeck bei Ihrem Fleischer als 2 mm dicke Platte schneiden lassen und am besten vor der Verarbeitung kurz anfrieren lassen.

Hirschterrine

MIT PFLAUMEN

Wildbret können Sie in gut sortierten Supermärkten oder aber direkt vom Jäger im Ganzen oder in Teilstücke zerlegt erwerben. In diesem Fall gilt es, möglichst alles zu verwerten und nicht nur die Edelteile zu geniessen.

ZUTATEN

für eine Form
(ca. 1,2 Liter)

Einlage

200 g mageres Hirschfleisch (z. B. Ragoutfleisch)
50 ml Portwein
180 ml Orangensaft
3–5 Wacholderbeeren
3 Lorbeerblätter
30 g roher, 2 mm dick geschnittener Rückenspeck
30 g Dörrpflaumen (oder getrocknete Cranberrys)
40 g Pistazien

Farce

250 g Hirschfleisch für die Farce (z. B. Schulter, Hals)
250 g mageres Schweinefleisch
200 g roher Rückenspeck
ca. 18 g Kochsalz
ca. 7 g Pastetengewürz (Rezept S. 34) oder Wildgewürz

400 g „Pastetenspeckplatten" für die Form
150 ml Madeiragelee (Rezept S. 34)

Für die Einlage das magere Hirschfleisch in schöne Würfel (7 × 7 mm; max. 10 × 10 mm) schneiden und mit Portwein, Orangensaft, Wacholder und Lorbeerblättern mindestens 3 Stunden marinieren. Den rohen Rückenspeck in ganz kleine Würfel schneiden, die Dörrpflaumen und die Pistazien fein hacken.

Für die Farce das Hirschfleisch von Sehnen befreien und in grobe Stücke schneiden. Das Schweinefleisch parieren und ebenso wie den rohen Speck in grobe Stücke schneiden.

Grob geschnittenes Hirschfleisch, Schweinefleisch und Speck in eine große Schüssel geben, salzen, würzen und gut durchmischen. Mit der 3-mm-Scheibe des Fleischwolfes faschieren.

Die Flüssigkeit vom marinierten mageren Hirschfleisch dazugeben und alles gut durchmischen. Ein zweites Mal durch die 3-mm-Scheibe faschieren.

Das marinierte Hirschfleisch, Pflaumen, Pistazien & Speckwürferl zur Farce geben und kräftig durchkneten, dabei darauf achten, dass alle Komponenten die gleiche Temperatur haben (dann kann sich alles schön verbinden und es kann nichts „herausfallen").

Die Terrinenform mit Pastetenspeckplatten auslegen, sodass sie über den Rand hängen, die Farce dicht einfüllen und die Farce mit dem überhängenden Speck zudecken, nach Belieben verzieren.

Die Terrine mit geschlossenem Deckel im auf 120 °C vorgeheizten Backofen backen, bis eine Kerntemperatur von 68 °C erreicht ist (wenn Sie keinen Deckel haben, mit Alufolie bedecken und beschweren).

Die Terrine über Nacht durchkühlen, stürzen, den Fett- und Geleeabsatz entfernen und die Terrine in die gewaschene Form zurückgeben.

Mit Madeiragelee abglänzen.

„SULMTALER“ Hühnerfleischterrine

DAS SULMTALER HUHN KOMMT WIE DER BERÜHMTE SCHILCHER-WEIN AUS DER WESTSTEIERMARK, BEIDE SIND „URSTEIRISCH“ UND WEIT ÜBER DIE GRENZEN BEKANNT: DER SCHILCHER FÜR SEINEN EINZIGARTIGEN GESCHMACK, DAS HUHN FÜR SEINE FLEISCHQUALITÄT. MAN KANN DIE TERRINE JEDOCH AUCH MIT „NORMALEM“ HÜHNERFLEISCH MACHEN.

ZUTATEN
für eine Form (ca. 1,4 Liter)

500 g Hühnerfilet
Schilcher (alternativ Roséwein) zum Marinieren (sodass das Fleisch bedeckt ist)
500 g ausgelöste Oberkeule
150 ml Obers (Sahne)
ca. 18 g Salz
ca. 7 g Pastetengewürz
Thymian nach Geschmack
100 g gestiftelte Karotten
50 g gehackte Kürbiskerne

250 g Schweinenetz für die Form
400 ml Schilchergelee (Rezept S. 34)

Das Hühnerfilet in 10 mm große Würfel schneiden und 3 Stunden mit Schilcher marinieren.

Die Oberkeulen von groben Sehnen und Knorpeln befreien und in große Stücke schneiden, mit der 3-mm-Scheibe faschieren. Obers, Salz und Gewürze dazugeben, alles gut durchmischen und ein zweites Mal faschieren.

Die marinierten Hühnerstücke, Karottenstifte und gehackten Kürbiskerne dazugeben, alles gut durchkneten, damit sich die Masse gut verbindet.

Die Form mit Schweinenetz auslegen, die Farce dicht einfüllen und mit dem Schweinenetz zudecken.

Die Terrine im auf 180 °C vorgeheizten Backofen 20 Minuten backen, dann die Temperatur reduzieren auf 100 °C und weiterbacken, bis eine Kerntemperatur von 68 °C erreicht ist (die Terrine zieht dann noch auf ca. 70 bis 72 °C nach).

Die Terrine über Nacht durchkühlen lassen und am nächsten Tag stürzen.

Den Gelee- und Fettabsatz entfernen, die Terrine in die gereinigte Form zurückgeben und mit Schilchergelee ausgießen.

TERRINE VOM *geräucherten Lachs* MIT SAIBLINGSCREME

Eine meiner absoluten Lieblingsvorspeisen ist diese zweifarbige Fischterrine. Die cremige Farce erinnert eher an eine Mousse und zergeht ganz einfach auf der Zunge! Ein wahrer Augen- und Gaumenschmaus!

ZUTATEN
für eine Form (ca. 750 ml)

Saiblingscreme
150 g geräuchertes Saiblingsfilet
60 ml Fischfond
ca. 1 TL abgeriebene Schale von einer Bio-Zitrone
Salz
frisch gemahlener weißer Pfeffer
1 Prise gemahlener Koriander
5 Blatt Gelatine
120 ml Obers

etwas Kerbel
60 g Seehasenkaviar

Lachscreme
150 g Räucherlachs
60 ml Fischfond
Salz
frisch gemahlener weißer Pfeffer
½ TL Cayennepfeffer
5 Blatt Gelatine
120 ml Obers (Sahne)

Für die Saiblingscreme den Saibling in Stücke schneiden und mit Fischfond und Zitronenabrieb fein pürieren. Mit Salz, Pfeffer und Koriander würzen. Gelatine 10 Minuten in kaltem Wasser einweichen. Eingeweichte Gelatine gut mit den Händen ausdrücken und in einem kleinen Topf schmelzen. Einen Esslöffel der pürierten Saiblingsmasse zugeben und verrühren. Dann diese Mischung zum restlichen Saiblingsmasse geben und gründlich verrühren. Das Obers halb steif schlagen und vorsichtig unterheben.

Die Terrinenform mit Wasser ausspülen und mit Frischhaltefolie auslegen. Vom Kerbel Blättchen abzupfen und mit etwas Wasser am Boden der Form und am Rand verteilen bzw. ankleben.

Die Saiblingscreme vorsichtig eingießen und die Form leicht auf den Tisch klopfen (damit keine Lufteinschlüsse in der Creme sind). Mit einem Löffel die Oberfläche glatt streichen und den Kaviar gleichmäßig darauf verteilen.

Für die Lachscreme den Räucherlachs in Stücke schneiden und mit dem Fischfond fein pürieren. Mit Salz, Pfeffer und Cayennepfeffer würzen. Die Creme mit aufgelöster Gelatine und Obers fertigstellen wie die Saiblingscreme.

Die Lachscreme in der Terrinenform vorsichtig auf dem Kaviar verteilen, die Oberfläche glatt streichen.

Die Terrine mit Frischhaltefolie abdecken und mindestens 4 Stunden in den Kühlschrank stellen. Dann vorsichtig aus der Form stürzen und die Frischhaltefolie entfernen. Die Terrine in Scheiben schneiden und servieren.

Wildschweinterrine
MIT CASSIS

SELBST JENE, DIE KEINE UNBEDINGTEN FANS VON WILDFLEISCH SIND, WIRD DIESE TERRINE ÜBERZEUGEN, DENN WILDSCHWEIN HAT KEINEN INTENSIVEN WILDGESCHMACK. EIN BESONDERS FEINES AROMA ERHÄLT DAS FLEISCH DURCH DIE MARINADE AUS ROTWEIN, ORANGENZESTEN UND MARMELADE, DIE DEM GERICHT EINE FRUCHTIGE NOTE VERLEIHT.

ZUTATEN
für eine Form
(ca. 22 cm Ø,
ca. 1,2 Liter)

Marinade
3 Schalotten
2 Knoblauchzehen
200 ml Rotwein
3 g Orangenzesten
1 Lorbeerblatt
1 EL Johannis- oder Preiselbeermarmelade

400 g Wildschweinschulter

Farce
100 g roher weißer Speck
300 g Schweineschopf
50 ml Crème de Cassis
Salz
frisch gemahlener Pfeffer

ca. 150 g weißer Speck für das Gittermuster
300 ml Rotweingelee zum Ausgießen
(Rezept S. 34)

Für die Marinade die Schalotten und den Knoblauch schälen und grob hacken. Dann mit dem Rotwein, den Orangenzesten, dem Lorbeerblatt und der Johannisbeer- oder Preiselbeermarmelade vermischen.

Das Wildschweinfleisch in 1 cm große Würfel schneiden und 24 Stunden in die Marinade einlegen.

Für die Farce den Speck, den Schopf und die Hälfte des marinierten Wildschweinfleisches mit der 6-mm-Scheibe grob faschieren und den Cassis dazugeben.

Das restliche marinierte Wildschweinfleisch zur Farce geben, die Marinade abseihen und die festen Bestandteile der Marinade (mit Ausnahme des Lorbeerblatts) ebenfalls zur Farce geben, alles gut durchmischen und mit Salz und Pfeffer abschmecken.

Die Farce in die Form füllen, die weißen Speckstreifen als Gittermuster auf die Oberfläche legen und die Terrine im Wasserbad im Ofen bei 180 °C garen, bis eine Kerntemperatur von 70 °C erreicht ist.

Nach dem Garen den entstandenen Fleischsaft bzw. das flüssige Fett abgießen, die Terrine wieder in die gereinigte Form geben und vollkommen auskühlen lassen. Dann mit dem Gelee ausgießen und wiederum zum Festwerden kalt stellen.

TIPP Am besten Sie bestellen beim Fleischer Ihres Vertrauens eine 1–2 mm dicke Speckplatte, diese können Sie dann in ca. 1 cm breite Streifen schneiden und bekommen dadurch ein schön dünnes Gitter.

GESCHICHTETE Gemüseterrine IM GLAS

DIE FARBIGEN SCHICHTEN DIESER TERRINE KOMMEN NUR IN EINEM GLAS SO RICHTIG ZUR GELTUNG. EIN HINGUCKER BEI BÜFFETS UND PRAKTISCH, WEIL JEDER SEINE PORTION EINFACH IN DIE HAND NEHMEN KANN!

ZUTATEN
für 5 Gläser (à ca. 200 ml)

100 g Rote Rüben (Rote Bete)
4 Eier
400 ml Obers (Sahne)
Salz
frisch gemahlener Pfeffer
1 Prise Kardamom
100 g Karfiol (Blumenkohl)
1 Prise Kreuzkümmel
100 g Zucchini
1 Prise Koriander
100 g Kürbis (z. B. Hokkaido)
1 Prise Zimt

TIPP Wenn Sie Hokkaido- oder Pattisonkürbis verwenden, brauchen Sie diesen nicht zu schälen.

Für die erste Schicht die Rote Rüben schälen, in kochendem Wasser weich garen, im Mixer mit einem Ei und 100 ml Obers pürieren. Mit Salz, Pfeffer und Kardamom abschmecken. In Gläser füllen, mit Deckeln verschließen und in einem Topf mit Wasser (Gläser sollen bis zu der Hälfte bedeckt sein) 30 Minuten garen.

Für die zweite Schicht den Karfiol in kochendem Wasser weich garen, im Mixer mit einem Ei und 100 ml Obers pürieren und mit Salz, Pfeffer und Kreuzkümmel abschmecken.

In die Gläser vorsichtig auf die bereits gestockte Rote-Rüben-Schicht füllen, Deckel wieder drauflegen und wie vorhin beschrieben im Wasserbad 30 Minuten garen.

Für die dritte Schicht den Zucchini in Stücke schneiden und in kochendem Salzwasser weich garen, im Mixer mit einem Ei und 100 ml Obers pürieren und mit Salz, Pfeffer und Koriander abschmecken. Vorsichtig auf die Karfiolmasse in die Gläser füllen, zugedeckt wie vorhin beschrieben im Wasserbad 30 Minuten garen.

Für die vierte Schicht den Kürbis in Stücke schneiden, in kochendem Wasser garen, im Mixer mit einem Ei und 100 ml Obers pürieren und mit Salz, Pfeffer und Zimt abschmecken. Vorsichtig auf die Zucchinimasse in die Gläser füllen, zugedeckt wie vorhin beschrieben im Wasserbad 30 Minuten garen.

Terrine „rot-weiß-rot“

MIT KALBSBRIES

DAS IST EINE SEHR EINFACHE TERRINE MIT WENIGEN ZUTATEN UND SCHNELL ZU MACHEN. MEIN WUNSCH WAR, DAS KALBSBRIES IN DEN MITTELPUNKT ZU RÜCKEN.

ZUTATEN

für eine Form
(ca. 1 Liter)

800 g fetter Schweineschopf (Nacken)
24 g Pökelsalz
400 g Kalbsbries

Hamburger Speck zum Auslegen

TIPP Wenn alles perfekt gelaufen ist, ist die Terrine „rot-weiß-rot“. Wichtig ist, das Kalbsbries vorher zu blanchieren. Wenn man rohes Bries als Einlage verwendet, bekommt es einen rosa Rand.

Den Schopf in walnussgroße Würfel schneiden, mit Pökelsalz salzen und über Nacht in den Kühlschrank stellen.

Das Bries in gesalzenem Wasser 5 Minuten blanchieren, damit sich die Haut gut abziehen lässt. Anschließend das Bries zerpflücken (es dürfen ruhig größere Stücke bleiben).

Die Form, wie auf S. 20 und 86 beschrieben, mit Hamburger Speck auslegen.

Das gepökelte Schweinefleisch durch die 3-mm-Scheibe faschieren (eventuell schon vom Fleischer faschieren lassen).

Die erste Hälfte der Farce in die Form füllen. Das Bries mit ein bisschen Faschiertem einreiben und auf die Farce legen. Dann die restliche Farce darauf verteilen, glatt streichen und den über den Rand der Form hängenden Speck über die Farce schlagen.

Garen können Sie diese Terrine auf drei verschiedene Arten: Ideal ist die Sous-Vide-Methode, bei der die gesamte Terrinenform mit der Farce vakuumverpackt bei 70 °C ca. 5 Stunden im Wasserbad gegart wird.

Auch im Dampfgarer können Sie die vakuumverpackte (oder in Frischhaltefolie eingepackte) Kalbsbries-Terrine langsam bei 75–80 °C (ca. 5 Stunden) garen.

Die dritte Variante ist das Garen im auf 75–80 °C vorgeheizten Backofen: Dazu die Terrinenform in ein Wasserbad stellen, beschweren und bis 70 °C Kerntemperatur garen.

Lammterrine „MAGHREB“

DIE KULINARISCHE VIELFALT NORDAFRIKAS FINDE ICH SEHR BEEINDRUCKEND, WEIL SIE VON VIELEN VÖLKERN BEEINFLUSST WURDE. DIE MISCHUNG AUS SÜSSEN UND PIKANTEN AROMEN MACHT DEN GANZ BESONDEREN REIZ DIESER TERRINE AUS. UND DURCH DIE SAMEN DER FEIGEN BEKOMMT DIE TERRINE EINEN EINZIGARTIGEN „CRUNCH“.

ZUTATEN
für eine Form (ca. 1,4 Liter)

400 g durchwachsener Lammhals
300 g Lammschulter
200 g Schalotten
2–3 Knoblauchzehen
1 EL Olivenöl
100 g getrocknete Feigen
100 g getrocknete Marillen
50 g kernlose schwarze Oliven
50 g grüne Oliven mit Paprikafülle
2 Eier
50 g Pistazien
ca. 24 g Salz
7–9 g Ras el-Hanout

250 g Lamm- oder Schweinenetz

Das Lammfleisch doppelt faschieren. Die Schalotten und den Knoblauch schälen und fein hacken, im Olivenöl bei geringer Hitze glasig dünsten, dann beiseitestellen.

Die getrockneten Feigen und Marillen in kleine Würfel (etwa 5 × 5 mm) schneiden. Die Oliven aus der Lake nehmen und gut abtrocknen (die Oliven sollen Zimmertemperatur haben, damit sie beim Anschneiden der Terrine nicht herausfallen).

Schalotten und Knoblauch mit dem Lammfaschierten, den Eiern, Pistazien und Oliven in einer Schüssel mit den Händen gut durchkneten, damit eine gut bindende Farce entsteht. Mit Salz und Ras el-Hanout würzen.

Eventuell ein kleines Laibchen formen und eine Bratprobe machen, das gebratene Laibchen kosten und danach die Farce wenn nötig nach Belieben nachwürzen.

Die Terrinenform gut ausfetten und mit Lamm- oder Schweinenetz auslegen, sodass es über den Rand der Form hängt. Die Farce möglichst dicht und luftfrei einfüllen und das überhängende Netz über die Farce legen.

Die Terrinenform in ein tiefes Blech oder in eine Auflaufform stellen und diese bis kurz unter den Formrand mit heißem Wasser füllen. Im auf 120 °C vorgeheizten Backofen auf mittlerer Schiene ca. 90 Minuten garen, bis eine Kerntemperatur von 70 °C erreicht ist.

Die Form aus dem Wasserbad nehmen, die Terrine überkühlen lassen und dann über Nacht im Kühlschrank kalt stellen. Die Terrine stürzen und in Scheiben schneiden.

TIPP Wichtig ist, dass der Lammhals ordentlich durchwachsenen ist, damit die Terrine saftig wird.

Statt Lamm- oder Schweinenetz können Sie natürlich Hamburger Speck verwenden (oder auch eine Bratfolie).

Bauernterrine

Das ist mein persönlicher Favorit unter den herzhaften und deftigen Terrinen. Ich nenne sie „Bauernterrine“ – weil diese Bezeichnung für mich sozusagen ein Überbegriff für eine wandlungsfähige, unkomplizierte, hausgemachte Terrine ist.

ZUTATEN

für eine Form (ca. 1,4 Liter)

250 g Schweineschopf
250 g fetter Schweinebauch
ca. 9 g Pastetengewürz (Rezept S. 34)
21 g Salz
250 g Kalbfleisch
250 g Kalbsleber (oder Schweineleber)
1 kleine Zwiebel
15 g Butterschmalz
1 Knoblauchzehe
etwas grobes Salz (Meersalz)
1 EL gehackte Petersilie
100 g Weißbrotbrösel
2 große Eier
5 cl Weinbrand/Calvados

ca. 300 weißer Pastetenspeck, 2 mm dick geschnitten

Das Schweinefleisch in grobe Würfel schneiden, würzen und mit der 3-mm-Scheibe faschieren. Das Kalbfleisch und die Leber in ca. 7–10 mm breite Streifen und dann in Würfel schneiden.

Die fein gehackte Zwiebel im zerlassenen Butterschmalz unter gelegentlichem Rühren 10 Minuten sautieren, bis sie weich, aber nicht braun ist. Vom Herd nehmen und überkühlen lassen. Die geschälte Knoblauchzehe mit grobem Salz zu einer Paste mörsern, mit der gehackten Petersilie unter die Zwiebeln mischen.

Alle Zutaten (bis auf den Pastetenspeck) in eine große Schüssel geben. Die Masse gut durchmischen und kneten, damit eine gut bindende Farce entsteht. Sollte die Masse zu feucht sein, einfach mehr Brösel dazugeben. Um die Masse abzuschmecken, am besten eine Bratprobe machen.

Die Farce in die befettete Form einfüllen. Auf die Farce mit dem in etwa 1 cm breite Streifen geschnittenen Speck ein Gitter legen, dann im auf 120 °C vorgeheizten Backofen im Wasserbad bis zu einer Kerntemperatur von 70 °C garen.

Den entstandenen Fleischsaft/das Fett abgießen, über Nacht durchkühlen lassen und dann mit beliebigem Gelee (Rezepte siehe S. 33 und 34) ausgießen.

TIPP Sie können die Form auch mit einem Schweinenetz mit reichlich Überhang auslegen, die Farce einfüllen, das Speckstreifengitter auflegen und das Ganze mit dem überhängenden Netz bedecken.

Ententerrine

Für Ente habe ich ein besonderes Faible. Ob als Rilettes, Confit, Galantine oder auch als Entenbratwurst – ich glaube, ich habe nicht viele Arten der Zubereitung ausgelassen. Deshalb darf natürlich eine Terrine auch nicht fehlen.

Zutaten

für eine große Form
(oder zwei kleinere,
insg. ca. 2,4 Liter)

1 Ente (2 kg)

Farce

600 g Schweinehals
50 g Schalotten
ca. 18 g Salz
ca. 2 g Pfeffer
ca. 7 g Quatre-épices
4 g Orangenzesten
10 g Portwein
20 g Orangensaft
20 g Enten- oder Geflügelfond (Rezept S. 33)
1 Ei
50 ml Obers
600 g Entenleber

250 g Schweinenetz
500 ml Portweingelee
(Rezept S. 34)

Die Ente auslösen (siehe S. 110; oder Sie fragen Ihren Fleischer, ob er das für Sie macht).

Aus den klein gehackten Karkassen und den Parüren (Abschnitte) sowie weiteren Zutaten einen Fond bereiten, wie auf S. 33 beschrieben.

Für die Farce das gesamte Fleisch, auch das ausgelöste von der Ente, in walnussgroße Würfel schneiden, mit kleinwürfelig gehackten Schalotten, Salz, Pfeffer, Quatre-épices und Orangenzesten vermischen. Mit Portwein & Orangensaft marinieren.

Das vorgewürzte Fleisch durch die 6-mm-Scheibe faschieren. 20 g vom einreduzierten und entfetteten Entenfond, Ei, Obers und eventuell noch Orangenzesten dazugeben.

Die Entenleber in kleine Würfel schneiden (1 × 1 cm), mit der Farce vermischen und gut durchkneten, um eine gut bindende Farce zu erhalten.

Die Farce wie einen faschierten Braten formen und in Schweinenetz einschlagen, in die befettete Form geben.

Im auf 150 °C vorgeheizten Backofen im Wasserbad die ersten 10 Minuten mit 150 °C garen, damit sich die Terrine stabilisiert. Dann die Temperatur auf 85 °C reduzieren und fertig garen, bis eine Kerntemperatur von 70 °C erreicht ist.

Die Terrine über Nacht durchkühlen, stürzen, den Fett- und Geleeabsatz entfernen und die Terrine in die gewaschene Form zurückgeben. Mit Portweingelee ausgießen und abglänzen.

Tipp

Quatre-épices – auch Viergewürz genannt – ist eine traditionelle Gewürzmischung aus der französischen Küche. Klassisch sind weißer Pfeffer, Ingwer, Muskat und Gewürznelken enthalten.

Rezepte FÜR GALANTINEN

Schritt für Schritt
ZUR GALANTINE

Galantinen sind zwar etwas aufwendiger herzustellen, weil man dafür Geflügel oder Fisch ausnimmt, entbeint bzw. entgrätet und diese Fleischhülle dann mit einer Farce füllt. Dafür sorgen Sie aber mit dieser Spezialität bei Ihren Gästen garantiert für Aufsehen! Wir zeigen Ihnen im Folgenden, wie man Geflügel entbeint.

❶ Das Geflügel mit der Brust nach unten auf ein Brett legen, beim Flügel die Flügelspitze und den „Unterarm mit Elle und Speiche" abtrennen und die Unterkeulen am ersten Gelenk abtrennen.

❷ Mit einem scharfen Messer entlang des Rückens vom Kragen bis zum Bischof schneiden.

❸ Jetzt mit kleinen Schnitten das Fleisch vom von den Rippen lösen. Die erste Hürde sind die Kugelgelenke der beiden Flügel und der beiden Keulen. Die Gelenkskapsel anschneiden, das Gelenk heraushebeln und mit kleinen Schnitten das Fleisch weiter entlang der Karkasse ablösen.

❹ Vorsicht: Wenn man das Fleisch bis zum Brustbein abgelöst hat, darf man die Haut NICHT durchschneiden, sie soll ja ganz bleiben. Hier eher mit den Fingern nachhelfen und den Knorpel vom Brustbein brechen. Um eine gleichmäßigere Hülle zu haben, kann man die Innenfilets der Brust zum Ausgleichen von Fehlstellen zu nützen. Wenn die Brust sehr fleischig ist, dann kann man auch noch mehr entnehmen, um Stellen mit wenig Fleisch „aufzupolstern". Zum Schluss den Bischof (Bürzel) abschneiden.

❺ Die Karkasse ist nun gänzlich ausgelöst, das entbeinte Fleisch mit der Haut nach unten liegt auf dem Brett. Nun werden auch die Knochen in den Flügeln und Keulen ausgelöst. Jeweils mit einem beherzten Schnitt entlang der Knochen aufschneiden und wieder mit kleinen Schnitten entlang des Knochens diesen herauslösen.

❻ Die Farce wie im Rezept beschrieben zubereiten und auf dem entbeinten Geflügel gleichmäßig verteilen (Rand lassen!), wenn im Rezept vorgesehen, die Farce mit einer Einlage belegen.

❼ Das entbeinte Fleisch rund um die Farce und die Einlage klappen und möglichst eng einrollen.

❽ Danach straff in eine Bratfolie einrollen.

❾ Damit die Galantine beim Garen ihre Form behält, sollte man sie „twisten": Die Galantine wird mit Küchengarn fixiert, und zwar wird die Rolle zunächst längs ....

❿ ... und dann quer mit Küchengarn umwickelt.

1

2

3

4
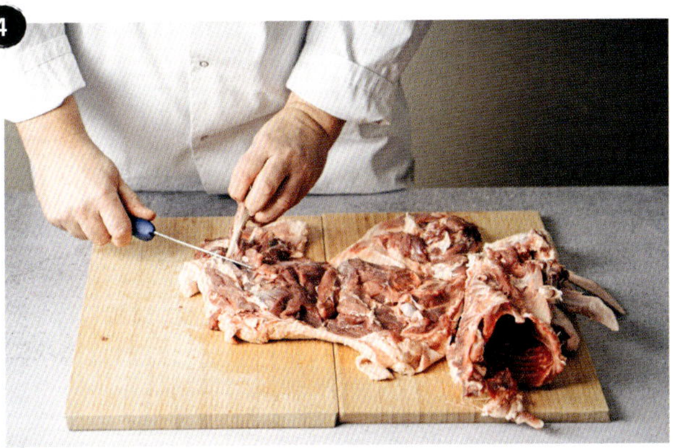

5

6

7

8

9

10

Entengalantine

WIE SCHON GESAGT, ERFORDERT DIE ZUBEREITUNG VON GALANTINEN ETWAS GEDULD UND ÜBUNG, WENN SIE DAS ENTBEINEN DER ENTE SELBST MACHEN WOLLEN. WENN SIE BEIM FLEISCHER IHRES VERTRAUENS EINE BEREITS ENTBEINTE ENTE BESTELLEN, IST AUCH DIESES REZEPT EINFACH UND UNKOMPLIZIERT NACHZUMACHEN!

ZUTATEN

für eine Galantine (insg. ca. 2 kg)

1 entbeinte Ente (etwa 2–2,5 kg vor dem Entbeinen)
Salz und weißer Pfeffer

Farce

250 g Entenfleisch (ohne Knochen und pariert)
125 g mageres Schweinefleisch
250 g roher weißer Speck
10 g Pastetengewürz (Rezept S. 34)
Abrieb einer unbehandelten Orange
getrockneter, gemahlener Salbei nach Geschmack
ca. 50 ml Entenfond

Einlage

2 Entenbrüste (à ca. 275 g)
Salz und Pfeffer
Öl zum Anbraten
40 g gekochter Schinken
40 g Pistazien

Die ausgelöste Ente flach auflegen, gut würzen, einrollen, in Frischhaltefolie einwickeln und im Kühlschrank über Nacht durchziehen lassen.

Für die Farce das parierte Entenfleisch, das Schweinefleisch und den Speck in Würfel schneiden. Pastetengewürz, Orangenabrieb und Salbei hinzufügen, alles durchmischen und im Kühlschrank 1–2 Stunden gut durchziehen lassen.

Das gewürzte Fleisch zweimal durch die feinste Scheibe (3 mm) des Fleischwolfes faschieren. Den Entenfond zugeben und gut durchkneten, bis die Masse gut bindet.

Für die Einlage die Entenbrüste salzen, pfeffern und von allen Seiten in Öl anbraten, herausnehmen und mit Küchenpapier das Öl abtupfen.

Schinken und Pistazien klein hacken und unter die Farce mischen.

Die ausgelöste Ente aus der Frischhaltefolie auswickeln, flach auflegen, gut würzen und mit der Hälfte der Farce bestreichen. Die Entenbrüste mit etwas Farce massieren, auf die Farce legen und mit der restlichen Farce bedecken. Zuerst das vordere und das hintere Ende der ausgelösten Ente (die Hals- und die Bürzelseite) über die Fülle schlagen und dann straff einrollen, in Folie wickeln und mit einem kräftigen Faden binden.

Die Galantine im Dampfgarer bei 80 °C pochieren (etwa 40 Minuten pro kg) und im Fond erkalten lassen (alternativ kann die Galantine im Dampfgarer bei 80 °C pochiert werden).

Über Nacht durchkühlen, dann aus der Folie nehmen und vorsichtig das beim Garen ausgetretene Fett abwischen.

Eventuell mit einer Sherrygelatine (siehe S. 34) abglänzen.

Fischgalantine

DAS „AUSLÖSEN" DES FISCHS IST ETWAS SCHWIERIG, DENN ES WERDEN JA NICHT NUR DIE FILETS GEBRAUCHT, SONDERN DIESE SOLLEN DURCH DIE HAUT NOCH MITEINANDER VERBUNDEN SEIN. WENN SIE DEN FISCHHÄNDLER IHRES VERTRAUENS FRAGEN, KANN ER VIELLEICHT DIESES MEISTERSTÜCK FÜR SIE VOLLBRINGEN ...

ZUTATEN

für eine Galantine (insg. ca. 1,2 kg)

1 Lachsforelle (ca. 1 kg)
Salz
frisch gemahlener weißer Pfeffer
1 TL abgeriebene Schale einer Bio-Limette

Farce

250 g Barschfilets
100 ml Obers (Sahne)
1 Eiklar (Eiweiß)
2 EL Dill
1 EL Kerbel
1 EL Petersilie

Lachsforelle so filetieren, dass die Filets am Rücken zusammenhalten, die Flossen und den Kopf aber entfernen. Die Fischfilets von Gräten befreien und mit Salz und Pfeffer würzen.

Für die Farce die Barschfilets putzen, von Gräten befreien, Haut abziehen und in 2 cm große Würfel schneiden. Mit dem Obers im Mixer fein pürieren. Das Eiklar verquirlen und unter die Barschfiletmasse geben.

Kräuter fein hacken und zur Fischfarce geben. Die Farce zudecken und kalt stellen.

Ein großes Stück Frischhaltefolie auf der Arbeitsfläche auslegen, die aufgeklappte Lachsforelle mit der Haut nach unten darauflegen und mit der abgeriebenen Limettenschale bestreuen. Die Barschfiletfarce gleichmäßig in der Mitte verteilen.

Die Lachsforelle von beiden Seiten über die Farce klappen und die Fischgalantine mit Frischhaltefolie dicht und fest einrollen, die Enden mit Küchengarn zubinden.

Die Galantine im Wasserbad bei 160 °C 35 Minuten bis zu einer Kerntemperatur von 62 °C garen.

GEFÜLLTE Schweinefüße

DIESE SPEZIALITÄT WIRD IN ITALIEN „ZAMPONE“ GENANNT UND WIRD DORT ALS GLÜCKSBRINGER MIT LINSEN AM NEUJAHRSTAG GEGESSEN. HIER MEINE VERSION DIESES TRADITIONELLEN GERICHTES.

ZUTATEN

für eine Galantine (ca. 1 kg)

1 vorderer Schweinefuß

Farce

270 g mageres Schweinefleisch
170 g roher weißer Speck
8–9 g Pastetengewürz
ca. 14 g Salz
weißer Pfeffer
einige Zweige frischer Thymian und Majoran
3 zerdrückte Wacholderbeeren
2 zerdrückte Knoblauchzehen
220 g Selchkarree
100 g Pökelzunge
40 g geschälte Pistazien
1 Schuss Calvados

Den hohl entbeinten Schweinefuß über Nacht wässern.

Für die Farce das Schweinefleisch und den Speck in Stücke schneiden, würzen, gut durchkühlen und eventuell kurz anfrieren.

Das Fleisch und den Speck mit den abgerebelten Kräutern, den zerdrückten Wacholderbeeren und Knoblauchzehen zweimal durch die feinste Scheibe (3 mm) des Fleischwolfes faschieren (wenn man eine besonders feine Farce haben will, diese zusätzlich durch ein Sieb streichen).

Das grob gewürfelte Selchkarree, die in kleine Würfel geschnittene Zunge und die Pistazien mit der Farce vermischen.

Den ausgelösten Schweinefuß mit Küchenpapier trocken tupfen, sauber und luftfrei mit der Farce füllen und mit Küchengarn zunähen. Die Haut mehrmals mit einer Nadel stupfen (einstechen), damit eventuell enthaltene Luft entweichen kann.

Den Fuß in eine hitzebeständige Frischhaltefolie wickeln und straff binden oder vakuumverpacken. Bei 80 °C ca. 3 ½ Stunden brühen, am besten im Wasserbad auskühlen lassen.

TIPP Den Schweinefuß (nicht entbeint sollte er ca. 800–1000 g wiegen) müssen Sie bei Ihrem Fleischer unbedingt vorbestellen! Lassen Sie den Schweinefuß vom Fleischer hohl auslösen (er soll wie ein „Strumpf“ als Hülle für die Fülle dienen; die Haut soll deshalb nicht verletzt sein).

Weidehuhngalantine

Weidehühner wiegen küchenfertig vorbereitet bis zu drei Kilogramm und weisen Unterschiede in der Fleischfarbe von Keule und Brust auf, das zeigt deutlich, dass wir hier ein ganz besonderes Stück verarbeiten. Es geht jedoch natürlich auch mit einem ganz gewöhnlichen Brathuhn.

ZUTATEN
für eine Galantine (insg. ca. 2,5 kg)

1 Steirisches Weidehuhn (ca. 3 kg)
Salz

Farce

500 g Hühnerfilet (für eine helle Farce) oder alternativ ausgelöste Oberkeulen (für eine dunklere Farce)
ca. 10 g Salz
ca. 1 g weißer Pfeffer
100 g Obers (Sahne)
frische Kräuter (Rosmarin, Thymian, Salbei, Basilikum, Petersilie ...)
150 g geschälter Muskat- oder Butternusskürbis

Das Weidehuhn, wie auf S. 110 beschrieben, entbeinen (oder ein bereits entbeintes Huhn beim Fleischer bestellen), salzen und über Nacht im Kühlschrank kalt stellen (oder über Nacht in eine Salzlake einlegen, ebenfalls in den Kühlschrank stellen).

Für die Farce das Hühnerfilet 10 mm große Würfel schneiden (bzw. die Oberkeulen von groben Sehnen und Knorpeln befreien und in walnussgroße Stücke schneiden).

Das Hühnerfleisch mit der feinen Scheibe (3 mm) faschieren, Salz, Pfeffer und Obers dazugeben, die gehackten Kräuter ebenfalls beifügen. Alles gut durchmischen und ein zweites Mal faschieren.

Den Kürbis in kleine Würfel schneiden, mit den Erbsen in kochendem Wasser blanchieren, abseihen und auf einem Geschirrtuch trocknen lassen (die Erbsen verbinden sich beim Untermischen besser mit der Farce, wenn sie trocken sind). Achtung: Darauf achten, dass alle Zutaten beim Vermischen in etwa die gleiche Temperatur haben.

Das gesalzene, ausgelöste Weidehuhn flach auf ein Brett legen und, wie auf S. 110 beschrieben, füllen und einrollen.

Die Galantine im Dampfgarer bei 80 °C 40 Minuten pro kg pochieren und im Fond erkalten lassen. Über Nacht durchkühlen.

Aus der Folie nehmen und vorsichtig den Fett- und Geleeabsatz abwischen.

In Scheiben schneiden und die Schnittflächen vor dem Servieren eventuell mit Gelee (siehe S. 26) abglänzen.

„Mini-Geflügel-Zampone“

(„GALANTINCHEN“ AUS GEFLÜGELKEULEN)

ENTSTANDEN IST DIE IDEE FÜR DIESES AN EINE GALANTINE ERINNERNDE GERICHT SPONTAN BEIM „WILD KING“- WETTBEWERB DER KCBS (KANSAS CITY BBQ SOCIETY) IN TIROL. ICH WOLLTE EINFACH EINMAL VOM MAINSTREAM ABWEICHEN UND ETWAS NEUES KREIEREN. DAS HAT SICH MIT EINEM DRITTEN PLATZ BEZAHLT GEMACHT!

ZUTATEN
für 4 Stück

4 Hühnerkeulen
Brathendlgewürz
(Brathuhngewürz)

Küchengarn

TIPP Zusätzlich können Sie die „Mini-Zampone“ in Teriyakisauce eintunken (oder damit bepinseln) und dann die Keulen durch gerösteten Sesam rollen – dadurch haben dann die aufgeschnittenen Scheiben außen einen schönen Rand.

Die Haut vorsichtig von den Hühnerkeulen wie einen Strumpf abziehen, bitte darauf achten, dass die Haut ganz bleibt.

Das Fleisch von den hautlosen Keulen vom Knochen lösen und von groben Sehnen und Knorpelresten befreien.

Das Keulenfleisch in gut walnussgroße Stücke schneiden und kräftig mit Brathendlgewürz würzen.

Das Fleisch mit dem Gewürz intensiv durchkneten – dadurch löst sich Eiweiß vom Fleisch und sorgt für eine gute Bindung der Masse.

Den „Strumpf“ bzw. die Hühnerhaut auf der Unterkeulenseite abbinden.

Den „Strumpf“ mit dem gewürzten Fleisch füllen und auch oben zubinden.

Die „Mini-Zampone“ stehend (also breite Seiten unten, schmale Seite oben) in eine Bratform setzen und im vorgeheizten Ofen bei etwa 120 °C langsam braten, bis eine Kerntemperatur von 70 °C erreicht ist.

Die „Mini-Zampone“ warm im Reisring servieren oder auskühlen lassen und in Scheiben schneiden. Durch die unterschiedliche Fleischfarbe der Keulenstücke und durch die roten Akzente des Brathendlgewürzes hat die Füllung eine schöne Marmorierung.

Statt Hendlkeulen kann man auch Enten- oder Gänsekeulen verwenden.

Rezepte
FÜR
SÜLZEN

Schritt für Schritt ZUR SÜLZE

Sülzen bestehen aus verschiedensten Zutaten. Fleisch, Fisch, Gemüse, Pilze, Kräuter usw. bilden die „Einlage“, die in eine meist längliche, schmale Form oder in Portionsförmchen, Muffinbleche oder Tassen gefüllt wird. Danach wird mit einer gelierenden Flüssigkeit aufgefüllt. Meist wird Gelatine als Geliermittel verwendet, es gibt jedoch auch sogenanntes„Aspikpulver“ zu kaufen (online oder beim Fleischer des Vertrauens). Wer eine vegane Sülze möchte, verwendet statt Gelatine Agar Agar. Nach dem Stocken wird die Sülze aus der Form gestürzt und kalt, meist als Vorspeise, serviert.

Anleitungsfotos für das Rezept auf S. 125

1

Alle Zutaten für die Einlage in einer Schüssel vermischen.

2

Den mit der Gelatine versetzten Sud untermengen.

3

Als „Ummantelung“ einen Petersilienspiegel (siehe S. 125) in die Form legen.

4

Die mit dem Sud vermischte Einlage einfüllen.

Variantenreich

Früher wurden Sülzen nicht mit Gelatine oder Agar-Agar zubereitet, sondern indem man Schweins- oder Kalbsfüsse, Schwarten oder Kopffleisch kochte – diese Teile ergeben beim Kochen einen gelierenden Sud. Die gekochten Schwarten und das Kopffleisch wurden in Stücke geschnitten und dienten als Einlage. Heute bestehen die Einlagen meist aus hochwertigem Fleisch sowie buntem Gemüse, das für eine hübsche Optik sorgt. Auf den Fotos unten sind marmorierte Schweinssülzchen sowie Gemüsesülzchen mit Kalbfleisch zu sehen, die auf diese Weise zubereitet wurden.

Fotos Mitte und links © Aleksandr Leljak

Schinkensülze
MIT PETERSILIENMANTEL

DIESE SEHR SPEZIELLE SÜLZE HAT (FAST SO WIE EINE TERRINE) EINEN „MANTEL", ALLERDINGS BESTEHT DIESER NICHT AUS SPECK ODER GEMÜSE, SONDERN IST EBENFALLS EIN GELEE – WIE DER KERN AUCH. SIE IST EIN „UPGRADE" DER EINFACHER HERGESTELLTEN „JAMBON PERSILLÈ", WO EINFACH DIE PETERSILIE IN DIE FORM GESTREUT ODER UNTER DIE MASSE GEMISCHT WIRD.

ZUTATEN
für eine Form
(ca. 1 Liter)

Sud
600 ml weißer Burgunder
400 ml Wasser
1 EL Weißweinessig
1 gehackte Knoblauchzehe
1 Zweig Estragon oder Kerbel
1 Lorbeerblatt
4 Gewürznelken
10 Pfefferkörner
15 g Salz

24 Gelatineblätter

Petersilienspiegel
2 Bund Petersilie

Einlage
3 fein gehackte Schalotten
Öl zum Anschwitzen
400 g Kochschinken

Für den Sud alle Sudzutaten aufkochen und zugedeckt 30 Minuten leise köcheln lassen. Den Sud durch ein Sieb oder noch besser durch ein Etamintuch abseihen.

Den Sud zurück in den Topf geben und erwärmen. Die zuvor in kaltem Wasser eingeweichten und gut ausgedrückten Gelatineblätter zugeben und unter Rühren im Sud auflösen. Den Sud abschmecken und eine Gelierprobe machen.

Für die Petersilien-Ummantelung die Petersilie fein hacken. Ein Backblech mit Frischhaltefolie auslegen, die gehackte Petersilie darauf verteilen und so viel Sud daraufgießen, dass der Spiegel zwischen 5 und max. 10 mm hoch ist (je schmäler die verwendete Form ist, desto dünner sollte der Spiegel sein). Den Spiegel kalt stellen, bis der Sud fest geworden ist.

Für die Einlage Schalotten glasig anschwitzen. Den Kochschinken in Würfel schneiden, mit den Schalotten in eine Schüssel geben und mit dem restlichen Sud vermischen.

Die Form mit dem Petersilienspiegel auslegen und dann mit der Schinkenmasse auffüllen.

Mind. 8 Stunden oder über Nacht fest werden lassen.

In Scheiben schneiden und mit Tost und Butter als Vorspeise servieren.

TIPP Die Einlage, die in die Form auf den Petersilienspiegel gefüllt wird, darf nicht zu heiß sein, damit der Petersilienspiegel nicht schmilzt.

Wurzelkarpfen-SÜLZCHEN

KARPFEN WAR FÜR MICH KEIN THEMA, BIS ICH EINEN FÜR SEINE KARPFENZUCHT BERÜHMTEN STEIRISCHEN MUSTERBETRIEB BESUCHT HABE. ERST DORT HABE ICH KARPFEN UND AMUR ZU SCHÄTZEN GELERNT.

ZUTATEN

für 10 Portionsformen (à ca. 120 ml)

Einlage

500 g geschröpfte Karpfenfilets (+ Karpfenkarkasse)
250 g Karotten und Sellerie (insg.)

Fischfond

Karpfenkarkasse
1 l Wasser
Salz
1 Schuss Apfelessig
Wurzelgemüse
½ Zwiebel
einige Petersilienstängel
Lorbeerblatt
einige schwarze Pfefferkörner
1 EL Zucker

12 Blatt Gelatine

Für den Fischfond die Karkasse des Karpfens sauber waschen, im kalten Wasser mit den übrigen Fondzutaten zustellen und 30 Minuten langsam köcheln lassen. Dann abseihen und noch einmal abschmecken.

Die Karpfenfilets ca. 15 Minuten im ca. 75°C heißen Fond pochieren. Dann herausheben, auf ein Backblech legen und auskühlen lassen.

Das in feine Würfel geschnittene Gemüse im Fond kochen, bis es noch einen ganz leichten Biss hat. Das Gemüse mit einem Siebschöpfer herausheben und kalt abschrecken.

Den Fond auf ca. die Hälfte einreduzieren lassen und durch ein Etamintuch abseihen. Die kalt eingeweichten und ausgedrückten Gelatineblätter im reduzierten Fond auflösen, danach eine Gelierprobe machen: Einen Esslöffel voll auf einem Teller verteilen, abwarten, ob die Masse fest wird. Falls der Gelatine-Fond nicht ausreichend geliert, 1–2 Blatt Gelatine zugeben.

Die Portionsformen (das können Keramik-, Dariol-, Pudding- oder Muffinformen sein) auf eine Arbeitsfläche stellen. In jede Form einen Spiegel mit dem leicht abgekühlten Gelatine-Fond gießen, fest werden lassen.

Das Fleisch der Karpfenfilets in groben Stücken von der Haut heben und auf den erstarrten Spiegel legen, dann abwechselnd Gemüsewürfel und Karpfenfiletstücke in die Form schichten. Die Förmchen mit dem restlichen Gelatine-Fond auffüllen und kalt stellen, bis die Sülzchen fest sind.

Die Sülzchen aus den Formen stürzen (am besten die Förmchen davor kurz in heißes Wasser stellen).

TIPP Für dieses Rezept wird der ganze Karpfen sozusagen „from nose to tail“ verwendet, weil aus den Karkassen und Abschnitten ein köstlicher selbst gemachter Fond entsteht!

Eierschwammerlsülze

SCHON ALS KIND WAR ICH MIT MEINEN ELTERN UND GROSSELTERN IMMER PILZE SUCHEN. DIESE LEIDENSCHAFT HABE ICH BEIBEHALTEN, UND IN DER PILZSAISON ZIEHT ES MICH IN DEN WALD. DAHER HABE ICH EXTRA FÜR DIESES BUCH EIN REZEPT FÜR EINE EIERSCHWAMMERLSÜLZE ENTWICKELT, DIE EINFACH KÖSTLICH SCHMECKT!

ZUTATEN

für eine Form (ca. 750 ml)

Einlage

600 g frische Eierschwammerln (Pfifferlinge)
2 EL Rapsöl
2 Thymianzweige
Salz
frisch gemahlener Pfeffer
3 Schalotten
3 EL Schnittlauch, fein geschnitten

Sud

8 Blatt Gelatine
400 ml Gemüsefond
2 EL Weißweinessig

Die Eierschwammerln kurz mit Wasser abspülen und mit Küchenpapier trocken tupfen. Öl in einer Pfanne erhitzen und die Eierschwammerln mit Thymian darin scharf anbraten. Mit Salz und Pfeffer würzen, aus der Pfanne nehmen, zur Seite stellen und vollständig auskühlen lassen.

Schalotten schälen und fein hacken. In der gleichen Pfanne wie die Eierschwammerln glasig dünsten, dann mit Schnittlauch und Eierschwammerln gut vermengen. Die Mischung vollständig abkühlen lassen.

Für den Sud die Gelatine 10 Minuten in kaltem Wasser einweichen. Den Gemüsefond in einem Topf erhitzen, mit Essig, Salz und Pfeffer abschmecken. Die Gelatine sehr gut ausdrücken, unter Rühren im heißen Fond auflösen und abkühlen lassen.

In der Zwischenzeit die Form mit Wasser ausspülen und mit Frischhaltefolie auslegen. Die Eierschwammerlmasse gleichmäßig in der Form verteilen und mit dem Sud auffüllen. Mit Frischhaltefolie abdecken und über Nacht in den Kühlschrank stellen.

Sülze aus der Form stürzen, Folie abziehen und die Sülze in Scheiben schneiden.

Rindfleischsülze

Ein Klassiker unter den Sülzen, der zur Jause mit herzhaftem Schwarzbrot serviert werden kann, aber auch „sauer“ gut schmeckt: Dafür die ausgekühlte Sülze mit einem scharfen Messer in feine Scheiben schneiden, diese auf ein Teller legen, fein geschnittene Zwiebelringe darauf verteilen und das Ganze mit einer Marinade aus Apfelessig, Kürbiskernöl und Salz beträufeln.

ZUTATEN

für zwei Formen (insg. ca. 2 Liter)

1 kg Rindfleisch (Brustbein, Keule, Backe usw.)
2 Zwiebeln
2 Karotten
2 Knoblauchzehen
4 Gewürznelken
1 Markknochen
1 Bouquet garni
1 TL Pfefferkörner
grobes Salz

Sud

12 Blatt Gelatine
1 Liter vom Rindfleisch-Kochsud
2 Frühlingszwiebeln
½ Bund Petersilie

Wichtig: Essig reduziert die Gelierkraft von Gelatine! Daher einem Sud, der mit Gelatine versetzt wird, nie Essig hinzufügen!

Das Fleisch in einen großen Topf geben, mit Wasser bedecken (ca. 2 Liter) und zum Simmern bringen, ca. 5 Minuten lang kochen. Die Oberfläche gründlich von Unreinheiten abschöpfen, ca. 2 Stunden simmern lassen.

Die Zwiebeln, die Karotten und die Knoblauchzehen schälen. Die Zwiebeln mit den Gewürznelken spicken und mit dem Markknochen, dem Bouquet garni, den Pfefferkörnern und grobem Salz in den Topf geben, noch etwa 30 Minuten mitköcheln lassen.

Das Fleisch aus dem Kochsud nehmen, abtropfen und etwas abkühlen lassen, dann in Stücke schneiden.

Den Rindfleisch-Kochsud abseihen und entfetten, einen Liter davon abmessen, darin die in kaltem Wasser eingeweichte und ausgedrückte Gelatine auflösen.

Die gekochten Karotten schälen und in Scheiben schneiden. Die Frühlingszwiebeln waschen und klein schneiden. Die Petersilie ebenfalls fein schneiden.

Das Fleisch, die Karotten, die Petersilie und die Frühlingszwiebeln mit den Gewürzen vermischen und abschmecken. Das Ganze in die mit Frischhaltefolie ausgelegte Form geben.

Den Gelatine-Sud über die Zutaten in der Form gießen. 12 Stunden kühl stellen, dann die gestockte Sülze aus der Form stürzen, Frischhaltefolie entfernen und die Sülze in Scheiben schneiden.

GESÜLZTE *Gemüseterrine*

ES MUSS NICHT IMMER FLEISCH SEIN ... HIER FÜR ALLE GEMÜSE-FANS EINE VARIANTE MIT KAROTTEN, PASTINAKEN UND ZUCCHINI. DIE GEMÜSESORTEN KÖNNEN SIE JEDOCH GANZ NACH BELIEBEN VARIIEREN – LASSEN SIE IHRER FANTASIE FREIEN LAUF!

ZUTATEN

für eine große Form (oder mehrere kleine; insg. 1,5 Liter)

Einlage

3 Karotten
1 gelbe Karotte
2 Pastinaken
ca. 700 g Zucchini
2 Stangen Lauch
3 Knoblauchzehen
6 EL Olivenöl
2 Rosmarinzweige
2 Thymianzweige

Sud

8 Blatt Gelatine
400 ml Gemüsesuppe
Salz
frisch gemahlener Pfeffer

Die Karotten und die Pastinaken schälen. Die Zucchini und den Lauch waschen, gut abtrocknen. Alle Gemüsesorten der Länge nach in ca. 5 mm dicke Streifen schneiden.

Die geschälten Knoblauchzehen halbieren. Etwas Olivenöl in einer Pfanne erhitzen und mit Rosmarin, Thymian und Knoblauch die Gemüsestreifen so lange anrösten, bis sie weich sind. Auf Küchenpapier auflegen und gut abtrocknen. Rosmarin, Thymian und Knoblauch entfernen.

Die Gelatine in kaltem Wasser für 10 Minuten einweichen. Gut ausdrücken und in der erwärmten Gemüsesuppe auflösen, kräftig würzen.

Die Form mit Frischhaltefolie auskleiden, diese an allen Seiten überstehen lassen. Das Gemüse lagenweise einschichten, dabei gleichmäßig mit dem Gelatinesud begießen und mit der überstehenden Folie verschließen. Mindestens 12 Stunden im Kühlschrank fest werden lassen

Sülze aus der Form stürzen, Frischhaltefolie abziehen und die Sülze in Scheiben schneiden.

Vegane Sülzchen

Auch Veganer sollen in den Genuss einer Sülze kommen! Da Gelatine aus tierischen Produkten hergestellt wird, habe ich diese durch Agar-Agar ersetzt. Auch hier gilt: An Gemüsesorten ist erlaubt, was schmeckt. So können Sie z. B. auch Brokkoli, Kürbis, Kohlrabi oder Karfiol als Einlage verwenden.

ZUTATEN
für 8–10 Portionsförmchen (à ca. 100 ml)

100 g gelber Zucchini
100 g grüner Zucchini
2 Tomaten
100 g Melanzani
1 Thymianzweig
1 Rosmarinzweig
1 Knoblauchzehe
2 EL Olivenöl
600 ml Gemüsesuppe
1 TL Anissamen
1 TL Agar-Agar
1 EL Zitronensaft
etwas Salz und Pfeffer

Die Zucchini waschen und in dünne Scheiben hobeln. Bei den Tomaten den Strunk knapp ausschneiden und auf der gegenüberliegenden Seite die Tomatenhaut kreuzweise einritzen.

Die Tomaten kurz in kochendem Wasser überbrühen, mit kaltem Wasser abschrecken und die Haut abziehen. Die geschälten Tomaten vierteln und von den Kernen befreien, danach in kleine Würfel schneiden.

Die Melanzani in kleine Würfel schneiden und mit Thymian, Rosmarin und der ganzen Knoblauchzehe im erhitzten Olivenöl anbraten. Die Tomatenwürfel zugeben und kurz mitrösten, dann das Ganze abkühlen lassen, Knoblauchzehe, Rosmarin- und Thymianzweig entfernen.

Die Gemüsesuppe mit Anissamen aufkochen, Zucchinischeiben darin weich kochen. Den Fond durch ein Sieb gießen, mit Agar-Agar verquirlen, dann 2 Minuten kochen lassen. Mit Zitronensaft, Salz und Pfeffer würzen.

Die Förmchen mit einem Pinsel mit dem noch heißen Sud ausstreichen und mit Zucchinischeiben fächerartig auslegen. In die Mitte jedes Förmchens gebratenes Gemüse füllen und mit Sud bis zum Rand auffüllen.

Die Sülzchen mindestens 2 Stunden im Kühlschrank fest werden lassen. Danach aus den Förmchen stürzen.

Ochsenschleppsülze
MIT ROTWEIN

Sülzchen, die in kleinen Portionsförmchen zubereitet werden, sehen sehr hübsch aus – in diesem Fall haben wir eine lange schmale Form genommen und zusätzlich eine Silikonform, die kleine „Schnittchen" (Bars) ergibt.

ZUTATEN
für ca. 8 kleine Förmchen (insg. ca. 1 Liter)

Einlage

2 Stk. Ochsenschwänze (Ochsenschlepp)
2 Zwiebeln, mit 4 Gewürznelken gespickt
1 Bouquet garni
6 Karotten
3 Stangen Lauch
3 Stangen Staudensellerie

Rotweinsud

1 TL Korianderkörner
1 TL grob gemahlener Pfeffer
500 ml kräftiger Rotwein
1 TL Quatre-épices
Salz und frisch gemahlener Pfeffer
3 Blatt Gelatine

Die Ochsenschwänze in reichlich Wasser zum Kochen bringen, dann abschäumen. Die gespickten Zwiebeln und das Bouquet garni zugeben und rund 2 ½ Stunden köcheln lassen.

Die Karotten schälen, den Lauch putzen und gründlich waschen. Lauch, Karotten und Sellerie zu den Ochsenschwänzen geben. Weitere 30 Minuten kochen lassen, bis sich das Fleisch vollständig vom Knochen ablösen lässt.

Den Kochsud abseihen, den Sud auffangen. Die Ochsenschwänze aus dem Sieb nehmen und das Fleisch auslösen (dies muss geschehen, solange das Fleisch noch warm ist). Die Karotten und den Lauch aus dem Sieb nehmen und klein schneiden. Den abgeseihten Kochsud einkochen lassen.

Für den Rotweinsud die grob zerstoßenen Korianderkörner zusammen mit dem Pfeffer in eine Kasserolle geben und (ohne Fettzugabe) anrösten. Mit dem Rotwein übergießen. Auf drei Viertel der Weinmenge einkochen lassen. Nun 200 ml vom eingekochten Kochsud angießen, 1 TL Quatre-épices hinzufügen und mit Salz und Pfeffer würzen.

Die Gelatine in kaltem Wasser einweichen und ausdrücken, zum Rotweinsud geben und unter Rühren auflösen.

Das Ochsenschleppfleisch und das Gemüse (Karotten und Lauch) lagenweise in die Form (die Förmchen) einschichten, mit dem Sud übergießen und 24 Stunden im Kühlschrank fest werden lassen.

Regenbogensülze

Die violetten Karotten machen diese Sülze zu einem Farbenspiel der Extraklasse. Sie färben nämlich beim Kochen den Sud lila. Und mit den orangen und gelben Karotten ergibt dies einen hübschen Kontrast.

ZUTATEN
für eine Form
(ca. 750 ml)

Einlage
2 Karotten
2 gelbe Karotten
2 violette Karotten
100 g Zucchini

Sud
2 l Wasser
2 Thymianzweige
1 Rosmarinzweig
5 schwarze Pfefferkörner
2 Lorbeerblätter
2–3 EL Balsamessig
Salz

9 Blatt Gelatine

Die Karotten schälen (Schalen nicht wegwerfen!) und ebenso wie die gewaschenen Zucchini der Länge nach in 1 × 1 cm dicke Streifen schneiden.

Für den Sud einen Topf mit 2 Litern Wasser aufstellen. Thymian, Rosmarin, Pfefferkörner, Lorbeerblätter, Balsamessig, Salz und Karottenschalen zugeben und aufkochen, 10 Minuten köcheln lassen.

Danach abseihen und den Sud zurück in den Topf geben. Erneut aufkochen und die Gemüsestreifen darin bissfest kochen (das dauert nur ein paar Minuten).

Die Lauchblätter gründlich waschen, dann im Karrotten-Kochsud ca. 1 Minute blanchieren, Gemüse und Lauch mit einem Siebschöpfer aus dem Kochsud nehmen.

Die Gelatine in kaltem Wasser einweichen, gut ausdrücken und in 500 ml vom Kochsud auflösen, kräftig abschmecken.

Die Form zuerst mit Frischhaltefolie, dann mit den blanchierten Lauchblättern auslegen, sodass die Blätter rechts und links über die Ränder der Form ragen.

Dann die Karotten- und Zucchinistreifen hineinlegen und mit der Gelatine-Kochsud-Mischung begießen.

Die überhängenden Lauchblätter über die Sülze klappen, alles mit der überhängenden Frischhaltefolie bedecken und die Sülze einige Stunden vollständig erkalten und fest werden lassen.

Aus der Form stürzen, Frischhaltefolie entfernen und die Sülze in Scheiben schneiden.

Foto © Aleksandr Leljak

GEFLÜGEL-
Kräuter-Sülzchen

DIESE SÜLZE HAT DURCH DIE VERWENDUNG VON GERÄUCHERTER PUTENBRUST UND REICHLICH GEHACKTEN KRÄUTERN EIN INTENSIVES, ABER DENNOCH FEINES AROMA.

ZUTATEN
für 4 Förmchen
à ca. 200 ml

1 Karotte
50 g Sellerie
2 ausgelöste Hühnerbrüste
(à 170 g)
1 l Hühnersuppe
125 ml trockener Weißwein
8 Blatt Gelatine
Salz
4 Scheiben geräucherte
Putenbrust (ca. 80 g)
2 EL Schnittlauchröllchen
2 EL gehackter Kerbel
1 EL gehackte Petersilie
1 EL gehackter Estragon

Das Gemüse waschen und putzen, gemeinsam mit den Hühnerbrüsten in die heiße Hühnersuppe einlegen und bei mittlerer Hitze etwa 30 Minuten ziehen lassen.

Die Hühnerbrüste und das Gemüse aus der Hühnersuppe nehmen und auskühlen lassen.

Die Suppe einkochen lassen (es sollen etwa 250 ml Flüssigkeit bleiben), vom Herd nehmen und den Wein dazugießen.

Die Gelatine in kaltem Wasser einweichen, gut ausdrücken und in der heißen, reduzierten Hühnersuppe auflösen; mit Salz abschmecken.

Die Hühnerbrüste in etwa 1 cm dicke Scheiben, das Gemüse kleinwürfelig schneiden.

Je zwei Esslöffel Suppe in vier kleine Formen füllen und etwa 10 Minuten kalt stellen. Die Putenbrustscheiben zweimal zusammenfalten und in die Formen legen.

Die Kräuter miteinander vermengen und abwechselnd mit den Hühnerbrustscheiben und den Gemüsewürfeln in die Formen füllen. Mit Suppe auffüllen, mit Klarsichtfolie zudecken und die Sülzchen über Nacht kalt stellen.

Die Sülzchen mit einem spitzen Messer vom Formrand lösen und auf Teller stürzen.

TIPP Für eine Marinade 1 kleine Zwiebel schälen, kleinwürfelig schneiden und mit 1 Bund fein geschnittenem Schnittlauch, 2 EL Weinessig, Salz, Pfeffer und 5 EL Öl verrühren. Die Sülzchen mit Blattsalaten und Radieschen garnieren, mit Marinade beträufeln und mit Gebäck servieren.

Rezepte
FÜR
GESCHENKE
IM GLAS

Corned Beef

Corned Beef ist vor allem in England und Amerika sehr beliebt. Es handelt sich dabei um zerkleinertes, gepökeltes, im eigenen Saft gekochtes Rindfleisch, das in Dosen oder Gläser abgefüllt und durch zusätzliches Einkochen haltbar gemacht wird. Durch den Kochsaft geliert es zu einem schnittfesten Block. Verwendet wird langfaseriges Muskelfleisch wie z. B. Rinderbrust.

ZUTATEN

für ca. 7 Gläser (à 200 ml)

1 kg Rindfleisch aus der Schulter oder Brust
250 g Schweineschwarten
25 g Pökelsalz
250 ml Wasser
jeweils einige Wacholderbeeren, Pfeffer- und Pimentkörner sowie Koriandersamen
3 Lorbeerblätter
¼ Sellerieknolle
½ Zwiebel
1–2 Knoblauchzehen

Das Rindfleisch von Fett und Sehnen befreien und in grobe Würfel schneiden. Die Schwarten ebenfalls in grobe Stücke schneiden.

Mit Salz und ca. 250 ml Wasser eine Lake herstellen und die Fleischwürfel mindestens 24 Stunden darin pökeln.

Das Fleisch aus der Lake nehmen, kurz abspülen, in einen Topf mit frischem Wasser geben. Gewürze (in einem Beutel) und geschälten Sellerie, Zwiebel und Knoblauch hinzugeben. Langsam aufkochen lassen, den Schaum abschöpfen und gar kochen lassen. Parallel die Schwarten weich kochen.

Das Rindfleisch aus dem Sud nehmen, zerzupfen, die Schwarten fein faschieren und heiß unter das Fleisch mischen, etwas Sud zugeben, bis sich eine dickflüssige Masse bildet. Eventuell nachwürzen.

Die Masse in Gläser füllen, verschließen und im Wasserbad im Backofen bei 95 °C 1 Stunde einkochen. In einem kühlen und dunklen Raum zumindest 2 Wochen durchziehen lassen.

Die Gläser sind 6 Monate haltbar.

TIPP Das gepökelte Rindfleisch wird kalt oder warm serviert. In Irland wird es traditionell warm mit Kohl gegessen und gilt auch in Neuengland als traditionelles Festessen am St. Patrick's Day. Obwohl es sich um ein einfaches Alltagsgericht handelt, stand Corned beef and cabbage im 19. Jahrhundert auf der Speisekarte vieler US-amerikanischer Grandhotels. Einen Status als Delikatesse hat das (frisch gepökelte) Fleisch heute noch als wichtiger Bestandteil des Reuben-Sandwichs. Echtes Corned Beef ist auch Bestandteil der norddeutschen Spezialität Labskaus.

TIPP Rillettes können aus frischem Fleisch zubereitet werden oder aber z. B. mit Schweinsbratenresten: diese würfeln, mit dem Bratensaft langsam aufkochen, bis der Braten zerfällt. Mit Schmalz ergänzen und in Gläser abfüllen.

Geflügelleber im Glas

ZUTATEN
für 3 Gläser (à ca. 150 ml)

100 g Zwiebeln
1 EL Gänsefett
250 möglichst fette Geflügelleber
2 hart gekochte Eier
2 Knoblauchzehen
Salz, Pfeffer und Neugewürz (Piment)
4 EL zimmerwarme Butter

Die fein gehackten Zwiebeln im heißen Gänsefett so lange ziehen lassen, bis sie glasig sind. Die Geflügelleber klein schneiden, zugeben und ebenfalls braten, bis sie gerade durch, aber noch nicht trocken ist, danach abkühlen lassen.

Die hart gekochten Eier und den Knoblauch schälen und fein hacken. Die Leber mit einem Wiegemesser oder einem scharfen Messer fein hacken und gemeinsam mit dem Knoblauch, den gehackten Eiern, Salz, Pfeffer und Neugewürz mit der Gabel zu einem Brei zerdrücken. Butter einrühren und den Aufstrich nochmals abschmecken. Die Masse in Gläser füllen und im Kühlschrank aufbewahren (ist ungefähr 3–4 Tage haltbar).

TIPP Sie können die Lebermasse auch mit dem Cutter zerkleinern, dabei geht allerdings der „Biss" der Zwiebeln und der Leber verloren.

Rillettes (Fleischschmalz)

ZUTATEN
für ca. 5 Gläser (à ca. 230 ml)

500 g Schopf (Schweinenacken)
500 g Bauchfleisch
250 g Schweineschmalz
Salz und Pfeffer
Bouquet garni
Knoblauch und weitere Gewürze oder Aromen nach Geschmack
etwas Weißwein, Calvados …

Das Fleisch in 5 × 5 cm große Würfel schneiden, würzen und beiseitestellen. Das Schmalz in einen ofenfesten Bräter mit Deckel geben und zerlassen. Das gewürfelte und gewürzte Fleisch dazugeben, das Bouquet garni, Knoblauch und Gewürze nach Geschmack darauflegen, den Wein oder Calvados hinzufügen, mit dem Deckel verschließen und bei 110 °C 3 Stunden im Backofen schmoren.

Das Fleisch aus dem Bräter nehmen und mit einer Gabel zerdrücken. Das Schmalz aus dem Bräter durch ein Sieb abseihen. Das zerdrückte Fleisch in das Schmalz geben und sanft köcheln lassen, bis die Flüssigkeit reduziert ist. Wenn notwendig, noch ein wenig Schmalz dazugeben und gut durchrühren. Die Masse in Gläser abfüllen (oben 1 cm Rand lassen) und verschließen. Kühl und dunkel lagern.

Zwiebelleberwurst

ZUTATEN
für ca. 10 Gläser
(à 230 ml)

500 g Schweinsleber
1,5 kg Goder*
(Schweinekinn)
500 g Zwiebeln
ca. 30 g Salz (bzw. nach Geschmack auch weniger)
frisch gemahlener Pfeffer
Gewürze nach Geschmack
(z. B. Majoran, Piment, Kümmel)

* Beim Fleischer vorbestellen!

Die Leber von Gallengängen befreien, kühl stellen. Den Goder abschwarten und die Drüsen herausschneiden, dann das abgeschwartete Fleisch in Stücke schneiden und salzen.

Die Zwiebeln schälen, in Stücke schneiden.

Den Goder mit den Zwiebeln in reichlich Salzwasser brühen, bis das Fleisch noch leicht bissfest ist. Dann abseihen und mit Salz und Gewürzen durch die 5-mm-Scheibe des Fleischwolfs faschieren. Anschließend überkühlen lassen.

Die gekühlte Leber ebenfalls durch die 5-mm-Scheibe faschieren, zur überkühlten faschierten Masse geben und gleichmäßig untermengen.

Die gesamte Masse danach in Einmachgläser füllen (oben ca. 1 cm Rand lassen) und diese verschließen.

Die Gläser im Wasserbad im Backofen bei 95 °C ca. 45 Minuten pasteurisieren.

Gekühlt ist die Zwiebelleberwurst 3 Monate haltbar.

Grammelschmalz bzw. Hubertusschmalz

ZUTATEN
für ca. 8 Gläser
(à 150 ml)

Grammeln (Grieben) und Schmalz

1 kg Rückenspeck ohne Schwarte
Salz

Für die Grammeln und das Schmalz den Speck am besten gleich beim Fleischer grob (13 mm) faschieren lassen oder händisch in 10 × 10 mm große Würfel schneiden.

Den Speck in einen Topf geben und bei mäßiger Hitze (120 °C bis 160 °C) langsam auslassen.

Dabei immer wieder kräftig rühren, damit sich nichts anlegt und die Grammeln (Grieben) gleichmäßig braun werden.

Erst wenn das Schmalz nicht mehr schäumt, ist das im Fett enthaltene Wasser verdampft. Dann die Grammeln bis zur gewünschten Bräune im heißen Fett lassen und anschließend mit einem Siebschöpfer herausnehmen.

Die Grammeln salzen, dann die Gläser jeweils zu zwei Drittel mit Grammeln füllen, mit Schmalz bis 1 cm unter den Rand auffüllen und die Gläser verschließen.

Variante: Hubertusschmalz

1 Zwiebel und 2 Knoblauchzehen fein hacken und im übrig gebliebenen Bratenfett einer Martinigans (oder sonst Gänseschmalz) glasig werden lassen. Getrocknete Steinpilze (Menge nach Geschmack) fein hacken und zugeben. Wer Steinpilze eingefroren hat, diese auftauen lassen, mit der Zwiebel sautieren, bis die Masse „trocken" ist. Dann mit Salz, schwarzem Pfeffer, Röstzwiebeln und Majoran abschmecken.

Tipp Wer Grammeln und Schmalz extra haben will, lässt die Grammeln in einem Sieb abtropfen und presst die Grammel aus (z. B. in einer Kartoffelpresse), so werden sie noch knuspriger.

1

2

3

Leberpralinen

DIESE HÄPPCHEN AM STIEL SIND BEI JEDEM BUFFET EIN HINGUCKER. MEIN TIPP: STELLEN SIE EIN SCHILDCHEN VOR DIE PRALINEN, DAMIT DIE GÄSTE WISSEN, DASS ES SICH NICHT UM EIN DESSERT HANDELT. DENN DURCH DIE HÜBSCH GLÄNZENDE GLASUR VERMUTET MAN EHER SÜSSE CAKE-POPS ALS EINEN KÖSTLICH-CREMIGEN LEBERAUFSTRICH IN FORM EINES LOLLIS!

ZUTATEN

für 16 Pralinen

350 g Gänseleber (oder Entenleber)
10 g Salz
2 cl Cognac

Glasur

30 g Rohzucker
1 cl Cognac
1 l Portwein
evtl. Zimtrinde und Gewürznelken
1 TL Maisstärke
2 Blatt Gelatine

16 Holzspieße (oder Stiele für Lollis)

Die Gänseleber von den Gallengängen befreien. In 2 cm große Würfel schneiden und salzen, dann mit Cognac begießen und zugedeckt über Nacht im Kühlschrank ziehen lassen.

Am nächsten Tag die Leber abseihen, in eine Brat- oder Auflaufform mit Deckel füllen und im auf 140 °C vorgeheizten Backofen im Wasserbad 40 Minuten garen lassen.

Danach die Leber durch ein Sieb streichen und auskühlen lassen. Wenn Masse fest wird, mit feuchten Händen kleine Kugeln formen, diese auf Spieße (Stiele) stecken und in den Kühlschrank stellen, gut durchkühlen lassen.

Für die Glasur Rohzucker in einem Topf karamellisieren und mit Cognac und Portwein ablöschen (falls gewünscht, Zimtrinde und Nelken zugeben) und bis auf 300 ml reduzieren.

Die Maisstärke mit etwas kaltem Wasser glatt verrühren und zur Portweinreduktion geben, 1 Minute köcheln lassen.

Die Gelatine in kaltem Wasser 10 Minuten einweichen, dann ausdrücken und in der noch heißen Portweinreduktion unter Rühren auflösen.

Die Glasur auf Zimmertemperatur abkühlen lassen.

Die gekühlten Pralinen am Stiel darin tunken.

Gemüserillettes

GESCHENKE IM GLAS MÜSSEN NICHT IMMER SÜSS WIE MARMELADE ODER KOMPOTT SEIN, AUCH NICHT HERZHAFT WIE Z. B. DIE AUFSTRICHE ZUVOR, SONDERN KÖNNEN DURCHAUS AUCH EINE ÜBERRASCHUNG AUS DEM GEMÜSEGARTEN SEIN!

ZUTATEN
für 4–5 Gläser (à ca. 250 ml)

3 Zucchini
2 Melanzani
Salz und schwarzer Pfeffer
Olivenöl
4 Tomaten
1 roter Paprika
1 Bund Frühlingszwiebel
50 g eingelegte Maiskölbchen
Koriandergrün

TIPP In gut verschlossenen Gläsern halten sich die Rilettes gekühlt ca. 5 Tage.

Die Zucchini der Länge nach halbieren, die Melanzani der Länge nach achteln. Auf der Fruchtfleisch-Seite salzen und pfeffern und mit Olivenöl einstreichen.

Die Haut der Tomaten leicht einritzen, Tomaten kurz blanchieren, dann die Haut abziehen, Fruchtfleisch vierteln, das weiche Innere und den Strunk entfernen.

Den roten Paprika ebenfalls vierteln und die Kerne und die weißen Wände entfernen. Von den Frühlingszwiebeln das Grün abschneiden und die Hälfte der Zwiebeln beiseitelegen.

Die Tomatenstücke in eine geölte Auflaufform geben. Die Zucchini-, Melanzani- und Paprikastücke sowie die abgeseihten Maiskölbchen und die Hälfte der Frühlingszwiebeln auf ein gut geöltes Backblech geben. Beides in den kalten Backofen stellen, die Temperatur auf 160 °C einstellen. Nach ca. 15 Minuten die Form mit den Tomatenstücken herausnehmen. Nach ca. 30 Minuten die Frühlingszwiebeln und die Paprikaviertel herausnehmen, die Haut der Paprikaviertel abziehen. Nach weiteren 30 Minuten auch die Zucchini und die Melanzani aus dem Ofen nehmen, das Fruchtfleisch mit einem Löffel von der Schale schaben und in eine Schüssel geben.

Die Tomaten- und Paprikastücke in feine Streifen schneiden. Die beiseitegelegten rohen und die gegarten Frühlingszwiebeln in ca. 2 mm breite Ringe schneiden und die Korianderblätter grob hacken.

Alles gemeinsam in kleine Portionsförmchen mit Deckel oder in Schraubverschlussgläser geben, mit Salz, frisch gemahlenem Pfeffer, Olivenöl und ein wenig Zitronenabrieb vermischen und über Nacht kalt stellen.

30 Minuten vor dem Servieren aus dem Kühlschrank nehmen. Mit Baguette servieren.

Aus unserem Programm

ISBN 978-3-7020-1965-5

ISBN 978-3-7020-2083-5

ISBN 978-3-7020-1928-0

ISBN 978-3-7020-2034-7

Leopold Stocker Verlag
Graz – Stuttgart
www.stocker-verlag.com